Bolsa blindada

Bolsa blindada

Dicas e passos práticos para tornar a
sua vida financeira à prova de fracassos

Patricia Lages

© 2013 by Patricia Lages

Publisher	*Omar de Souza*
Editor responsável	*Samuel Coto*
Produção	*Adriana Torres*
	Thalita Aragão Ramalho
Produção editorial	*Luana Luz*
Capa	*Julio Moreira*
Preparação de originais	*Fernanda Silveira*
Revisão	*Milena Martins*
	Carolina Rodrigues
Ilustrações	*Carla Pilla*
Diagramação	*Trio Studio*

As citações bíblicas foram extraídas da Nova Versão Internacional, salvo quando especificado. As com a indicação RV são da Reina-Valera.

Crédito da música de Milton Nascimento "Maria Maria", na página 89: letra de Milton Nascimento e Fernando Brant. *Clube da Esquina 2*, 1978, EMI/Odeon. Crédito da música dos Titãs "Família", na página 196: letra de Tony Bellotto e Arnaldo Antunes. *Cabeça dinossauro*, 1986, WEA.

CIP-BRASIL. CATALOGAÇÃO NA FONTE
SINDICATO NACIONAL DOS EDITORES DE LIVROS, RJ

L172b
    Lages, Patricia
        Bolsa blindada : dicas e passos práticos para tornar a sua vida financeira à prova de fracassos / Patricia Lages. - 2. ed. - Rio de Janeiro : Thomas Nelson, 2013.
        212 p. : il. ; 23 cm.

    Inclui bibliografia
    ISBN 978.85.7860.483-7

    1. Educação financeira. 2. Finanças pessoais. I. Título.

13-01142   CDD: 332.024
                                                               CDU: 330.567.2

Thomas Nelson Brasil é uma marca licenciada à Vida Melhor Editora S.A.
Todos os direitos reservados à Vida Melhor Editora S.A.
Rua Nova Jerusalém, 345 – Bonsucesso
Rio de Janeiro – RJ – CEP 21402-325
Tel.: (21) 3882-8200 – Fax: (21) 3882-8212 / 3882-8313
www.thomasnelson.com.br

Sumário

Agradecimentos, 7

Prefácio, 9

A autora, 13

Introdução, 17

Parte 1. Entendendo a economia, 21

   Capítulo 1. Equilíbrio, 23

   Capítulo 2. Metas, 41

   Capítulo 3. Orçamento, 63

Parte 2. Como alcançar seus objetivos, 83

   Capítulo 4. O espiritual do material, 85

   Capítulo 5. Milagre não cai do céu, 111

Parte 3. Saindo do vermelho, 125

   Capítulo 6. Tá devendo? Foge!, 127

   Capítulo 7. Crédito consciente, 153

   Capítulo 8. Cartão de crédito: gestor de gastos, 165

Parte 4. Dicas para o mundo corporativo, 177

   Capítulo 9. Pessoas de sucesso, carreiras de sucesso, 179

Referências, 211

Gostaria de agradecer a todos que, de alguma forma, colaboraram com este projeto.

Cada um de vocês é muito especial, pois o primeiro livro a gente nunca esquece!

Obrigada!

Patricia Lages

Agradecimentos

Agradeço a Deus, que me inspira e fortalece todos os dias. Ao meu marido, Wel Calandria, que apoia e incentiva tudo o que faço. Ao casal Renato e Cristiane Cardoso, por acreditar neste projeto. A minha mãe, que me ensinou a ler e escrever aos quatro anos, e a minha irmã, Sandra, que, mesmo estando longe, sempre me desafia a ser melhor. Sem vocês nada disso seria possível.

Prefácio

Blinde suas finanças

Qual o casal que nunca brigou, discutiu ou mesmo teve uma simples discordância sobre como usar o dinheiro? Se você conhece algum, pode considerá-lo uma raridade. Durante todos os anos que temos nos dedicado a trabalhar com casais, perdemos a conta de quanta gente já enfrentou crises na vida conjugal por causa disso. Outras áreas do casamento podem até estar protegidas, mas os desentendimentos e o estresse causados pela deficiência na administração dos recursos financeiros são como furos na blindagem.

Por isso, manter o bom senso e ter um plano de ação prático com respeito às finanças pessoais e familiares são de suma importância para aqueles que buscam uma sintonia saudável no casamento. Gestos simples, mas eficientes, como elaborar um orçamento familiar mensal ou aplicar seu dinheiro para garantir um futuro mais tranquilo, podem fazer toda a diferença e evitar o desgaste na relação.

E, apesar de os homens ainda serem estatisticamente os principais provedores na maioria das famílias, as mulheres são, muitas vezes, bem mais eficientes na gestão do dinheiro. Ou seja, aquela história de que o marido fornece o cartão de crédito para a mulher estourar o saldo é exceção, e não regra, como a jornalista Patricia Lages prova neste livro.

Em vinte anos de carreira — recentemente, também colaborando com o conteúdo do blog da Cristiane (www.cristianecardoso.com) —, Patricia tem demonstrado repetidamente que dispõe de um conhecimento profundo e criativo sobre um assunto fundamental para todos, mas, infelizmente, entendido por poucos. Analisando os temas tratados no programa *The Love School — A Escola do Amor* e no livro *Casamento blindado*, ela constatou que muitas mulheres sofrem com a falta de informações sobre a vida financeira e, portanto, mantêm uma relação muito conturbada com o dinheiro. Isso afeta outras áreas da vida, entre elas, o casamento.

Com texto divertido e envolvente, *Bolsa blindada* ensina que a estabilidade financeira (tanto a pessoal quanto a familiar) começa com uma compreensão real e completa das oportunidades e dos riscos que o dinheiro oferece. Com informações preciosas e conselhos essenciais, o livro mostra como controlar seu histórico de despesas, analisar o uso do dinheiro, identificar os excessos, criar reservas e, principalmente, maximizar o alcance e o impacto de tudo o que você conquistar.

Patricia demonstra não apenas ser uma conhecedora do tema; ela também se revela uma excelente orientadora. Temos o maior prazer em apresentar *Bolsa blindada* porque sabemos que este livro será uma ferramenta valiosa para muitas pessoas. Desde o nosso primeiro contato, identificamos o potencial maravilhoso da Patricia como autora e acreditamos que o conhecimento e o talento dela vão enaltecer o trabalho de Deus na vida de muitas mulheres.

Ficamos muito orgulhosos também por saber que nosso trabalho com *Casamento blindado* serviu de referência para esta obra. A mensagem de Patricia é uma das muitas que acreditamos serem de importância fundamental para o desenvolvimento saudável e pleno da vida a dois. Esperamos que este livro possa ser mais um passo no caminho de sucesso que Deus tem para você.

Renato e Cristiane Cardoso
Autores de *Casamento blindado* e apresentadores do programa *The Love School — A Escola do Amor*, exibido em todo o Brasil pela Rede Record de Televisão.

A autora

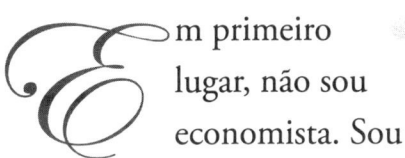

Em primeiro lugar, não sou economista. Sou jornalista com mais de vinte anos de carreira na área de comunicação. Comecei a trabalhar relativamente tarde, aos 18 anos, ao passo que várias de minhas amigas começaram por volta dos 14. Minha irmã, Sandra, por exemplo, começou ajudando num salão de cabeleireiros do bairro aos nove anos.

Desde pequena sempre tive o meu dinheiro. Isso porque no meu aniversário, nos fins de ano e no Dia das Crianças, eu pedia dinheiro de presente. Lembro que ainda nem falava direito, mas, quando me perguntavam o que eu queria, a resposta era: "*Mindá muiéda.*" Ah, moedas... Como eu gostava delas! Bom, vou confessar que até hoje tenho um cofrinho que levo ao banco cada vez que fica cheio e pesado! Eu trocava qualquer elogio por uma moeda reluzente de um cruzeiro (é, eu sou do tempo do cruzeiro). Quando alguém via meu boletim da escola cheio de notas dez, era comum me darem um sonoro "parabéns", mas e daí? Era só uma palavra... Eu logo dava um jeito de mostrar o único 9,5 e dizer: "Se no bimestre que vem vier um dez no lugar do 9,5, eu posso ganhar cinco cruzeiros?" Geralmente me ofereciam dois, e eu negociava até chegar a três!

Eu sabia que não precisava ter dinheiro sendo criança, mas, por outro lado, via que minha mãe trabalhava dia e noite e nunca tínhamos o suficiente. E meu pai, apesar de ganhar dinheiro, nunca soube administrá-lo e estava sempre com os bolsos vazios. Quando aprendi que, se eu gritasse em um lugar vazio, minha voz daria eco, logo pensei: Se gritar no bolso do meu pai, vou ficar ouvindo esse tal de eco por uma semana...

Ele era do tipo que pensava só no dia de hoje e gostava de bares e jogos. Foi o trabalho duro da minha mãe que sustentou a mim e à minha irmã. E foram as economias que minha mãe juntou durante uma vida que trouxeram um pouco de conforto a ele em seus últimos meses de existência, quando estava muito doente e precisando de um tratamento longo e caro.

Foi minha mãe e meu avô materno que me ensinaram a valorizar o dinheiro. Desde muito cedo, quando íamos ao mercado, dona Maura explicava que, se comprasse um chocolate, faltaria o arroz, e a gente concluía que ter arroz era melhor. Sempre soubemos que o dinheiro era muito curto e que era preciso fazer escolhas entre o necessário e o supérfluo. Tendo consciência da melhor escolha, raramente pedíamos o que não podíamos ter.

Eu amava ouvir meu avô contando a história de como chegou pobre ao Brasil e construiu sua vida do nada. Perdi as contas de quantas vezes pedi para ele contar, fazendo questão de que mantivesse sempre todos os detalhes. Foi aí que aprendi uma coisa genial: trabalhando é possível chegar aonde se quer. Havia uma saída para nós! Não dependíamos de sorte, azar, sobrenome, loteria, nada. Só de nós mesmos!

Hoje vejo muitos pais que não têm condição de dar um bolo de aniversário para o filho, mas fazem empréstimo no banco e dão logo uma festa em um buffet. Eles pintam um cenário falso para a família e para si mesmos, acreditando que viver nessa mentira vai fazer de seus filhos pessoas melhores. Seria isso realmente possível? Ser bem-sucedido no mundo real vivendo de ilusão? Fui criada com base na realidade e não tive que fazer terapia por isso!

Quando eu tinha uns 12 anos, havia uma novela na televisão que trazia um personagem muito mão de vaca chamado Nonô Correia, interpretado pelo grande ator Ary Fontoura. Como eu não era de gastar dinheiro e ainda aconselhava minhas amigas a fazerem o mesmo, adivinhe qual foi meu apelido naquele ano? Tinha até professora me chamando de Nonozinha... Foi terrível!

Mas foi assim que comecei a perceber que as pessoas confundem economia com avareza. Só porque não jogava dinheiro fora eu era o símbolo escolar do pão-durismo? Tinha alguma coisa errada ali... Concluí muito cedo que fazer o certo é dirigir na contramão, e resolvi que, mesmo assim, era melhor andar na contramão mesmo.

Numa das poucas vezes que esqueci isso e me deixei levar pelo andar da carruagem, quebrei a cara feio (vou falar a respeito mais adiante). Mas, como podemos tirar algo bom de tudo, foi nessa queda feia que aprendi muito do que pretendo passar para você por meio deste livro. Eu fui esperta e aprendi com meu erro, mas você tem a oportunidade de ser sábia e aprender com os erros dos outros!

> Se o dinheiro for sua esperança de independência, você jamais a terá.
> A única segurança verdadeira consiste numa reserva de sabedoria, de experiência e de competência.
>
> — *Henry Ford*

Introdução

Você já parou para pensar que qualquer livro, por mais extenso que seja, começou de uma página em branco? Se é assim que você vê suas finanças — nada mais que uma página em branco — e não sabe por onde começar, não se desespere, não saia correndo e não faça uma fogueira com este livro (lembre-se de que você pagou por ele!). É normal ter esse ponto de interrogação na cabeça, afinal, nós, brasileiros, não aprendemos educação financeira na escola e pouquíssimos de nós tiveram a oportunidade de aprendê-la em casa.

Você pode entender como é o mundo das finanças práticas investindo apenas alguns minutinhos por dia e, claro, praticando cada uma das dicas descritas aqui.

Vamos começar pelas primeiras coisas que você deve saber. Tenho certeza de que sua visão sobre economia vai mudar, pois é muito mais fácil do que parece. É como andar de bicicleta. Imagine que você nunca tenha visto uma bicicleta na vida e alguém começa a descrevê-la para você:

> Meio de transporte de duas rodas fixadas em um quadro feito de tubos de metal. A roda de trás é movida pela força das pernas, por meio de pedais; e a da frente é direcionada pelos braços, por meio de guidons. Para se mover, sincronize os movimentos de pedalar e direcionar e, ao mesmo tempo, mantenha o equilíbrio para não tombá-la nem para a esquerda nem para a direita. Há possibilidade de quedas durante o período de aprendizagem, sendo que algumas delas podem ocasionar fraturas em braços e pernas, além de outros tipos de lesões com maior ou menor gravidade.

Embora essa descrição faça a bicicleta parecer algo que pode matar, ela é 100% verdadeira, afinal de contas, as "magrelas" não são exatamente assim? Porém, na prática, sabemos que andar de bicicleta, embora tenha riscos, é muito legal e nem é tão difícil quanto parece. Praticamente qualquer criança pode aprender (aliás, quanto mais cedo, melhor), e, uma vez que se aprende, nunca mais se esquece.

A vida financeira é bem parecida com andar de bicicleta. Se você pedalar demais na descida, pode não dar conta de tanta velocidade e se esborrachar de vez. É como quem gasta demais e acaba perdendo o controle. Se pedalar pouco na subida, vai perder o embalo e a coisa vai ficar difícil, provavelmente vai ter que descer e empurrar... É como a pessoa que gasta mais do que ganha e, uma hora ou outra, vai passar por um aperto. E se parar de pedalar? Aí vai parar no chão! Ou seja, deixou de movimentar, seu nomezinho vai pro beleléu.

Ter uma vida financeira saudável é uma atividade que requer prática constante. Quanto mais você se empenha, mais entende e mais tira proveito daquilo de que todo mundo corre atrás: dinheiro.

É meio estranho ouvir as pessoas dizerem que gostam de ganhar dinheiro, mas não gostam de cuidar do seu dinheiro. É como ter um cachorro e deixá-lo morrer de fome. O seu dinheiro precisa de cuidados para poder crescer, se desenvolver e, claro, lhe trazer benefícios. Be-ne-fí-ci-os! E não dores de cabeça, noites em claro e constrangimentos.

Ainda que você esteja com os joelhos ralados por algum tombo que tenha levado, a solução é se levantar (nem que seja choramingando) e buscar (nem que seja mancando) os primeiros socorros para fazer o curativo (nem que tenha que arder um pouquinho...). Em breve você estará com joelhos novinhos em folha e com, no máximo, uma cicatriz que vai lhe render boas risadas no futuro, quando se lembrar do vexame!

Se você está começando a pedalar agora, comece do jeito certo. Este livro será excelente para evitar tombos e contusões. Se você perdeu o equilíbrio e se estabacou por aí, este livro vai lhe dar dicas de como se recuperar. E, se você está com tudo sob controle, que tal dar um passo à frente e se candidatar à Tour de France?

Todos a bordo? Vamos pedalar!

Parte 1

Entendendo a economia

Capítulo 1

Equilíbrio

Economia não é pão-durismo

Infelizmente no nosso país não temos a cultura de aprender educação financeira em casa ou na escola. Já ouvi muitos pais dizerem que não querem encher a cabeça de seus filhos com assunto de dinheiro, pois preferem deixá-los "aproveitar a infância". Porém, a infância nada mais é que um período de aprendizagem. Mesmo que você não tenha filhos, creio que tenha consciência de que boa parte de seus hábitos atuais é proveniente da sua infância. Tanto os bons quanto os maus.

Uma criança pode achar superchato ter que "comer comida" todo dia no almoço e no jantar, mas não é por isso que você vai substituir o arroz e feijão por bala e sorvete. A verdade é que, se tivéssemos aprendido quando crianças a ganhar e a gastar dinheiro, nossa sociedade hoje seria outra. Estou certa de que você conhece pessoas que até ganham bem, mas parece que colocam o dinheiro num saco sem fundo. Isso porque não basta saber ganhar, é preciso também saber gastar, investir, aplicar e, por que não?, multiplicar.

O objetivo deste livro é fazer com que você entenda, antes de mais nada, o que NÃO significa economia, para, a partir daí, poder entender o que de fato ela é. Veja cinco pontos básicos que a maioria dos brasileiros ainda não sabe sobre economia:

- Economia NÃO é pão-durismo.
- Economia NÃO é viver apertando o cinto.
- Economia NÃO é deixar de consumir.
- Economia NÃO é andar maltrapilho para juntar dinheiro.
- Economia NÃO é difícil.

Para chegarmos à conclusão do que é economia e de como podemos ter uma vida financeira de qualidade, vamos eliminar esses mitos e conceitos errados e focar no que realmente pode nos trazer resultados práticos. Há diversas pesquisas que apontam para o fato de que o brasileiro, em geral, não sabe lidar com seu dinheiro, por isso, considerar nossa "sabedoria popular" sobre esse assunto não é nada inteligente.

Estar com sua mente aberta, disposta a mudar os maus hábitos e a investir alguns minutos por dia na sua vida financeira será fundamental para o sucesso da empreitada que você começará hoje. Antes de qualquer coisa, saiba que para prosperar economicamente não basta apenas trabalhar, é preciso muito mais do que isso. Já posso imaginar que você está listando mentalmente outras coisas necessárias para prosperar, como fazer faculdade, pós-graduação, mestrado, doutorado, matricular-se em um curso de idiomas, andar bem-vestido, manter-se bem-informado etc. Sim, isso tudo é necessário, mas há um segredo que supera tudo isso e é capaz de fazer qualquer pessoa prosperar, mesmo aquelas que não tiveram todas essas oportunidades.

Descobri esse grande segredo ao ouvir esta pequena frase, dita por Renato Cardoso, que nos deu o prazer de prefaciar este livro:

> Os pobres só deixarão de ser pobres
> quando perceberem que pensar é de graça.

Sendo uma pessoa que acredita na justiça, nunca fui adepta da opinião de que há pessoas que se dão bem na vida porque o destino lhes reservou uma boa vida. Ou, como dizem por aí, porque nasceram com o bumbum virado para a Lua. Sempre acreditei que todas nós temos oportunidades, independentemente das condições. E essa frase prova que realmente todas nós somos dotadas de capacidade para sermos bem-sucedidas. A diferença está entre as que usam essa ferramenta e as que não usam. O que nos difere de todas as demais criaturas existentes neste mundo é o nosso poder de raciocínio. Podemos dominar tudo o que conhecemos desde que usemos a cabeça, esse é o segredo. Se você vem sendo dominada, é porque tem deixado outras pessoas pensarem por você.

A proposta é que você volte a tomar as rédeas da sua vida e a conduza para onde quiser, sem se deixar levar por nada nem ninguém. Você é capaz de traçar o seu destino e planejar o próprio futuro.

É pelo micro que se chega ao macro

Quando comento com alguém que escrevo sobre economia logo me perguntam por que fui me meter numa roubada dessas, afinal, além de difícil, ela é muito chata: aquele monte de índices, o sobe e desce das bolsas de valores, os investimentos, as análises macroeconômicas deste mundo globalizado etc. etc. etc. Mas, na verdade, não é por essa vereda que eu caminho.

Como jornalista, sempre achei que nossos meios de comunicação deveriam ser muito mais práticos e menos teóricos. Gosto muito quando leio matérias que realmente têm o poder de fazer pensar, mudar hábitos e trazer benefícios. Sou fã da prestação de serviços, ainda mais quando o assunto é economia, pois de que adianta saber que o "tigre asiático" está rugindo e que a União Europeia está tentando salvar a Grécia se você não sabe o que fazer para o seu salário durar até o final do mês?

É fato que nosso país está se tornando um dos grandes movimentadores da economia mundial, mas não podemos esquecer que somos nós que construímos o país e não o contrário. Então, vamos deixar de lado o aspecto macro e focar no micro. Vamos falar de você, da sua realidade, de como blindar a sua bolsa. Para tanto, apresento-lhe a *microeconomia*. É daí que vem todo o resto. Microeconomia nada mais é que o estudo do comportamento econômico individual, que é a base moderna de toda teoria econômica. Trocando em miúdos: se você souber lidar bem com seu dinheiro, será bem-sucedida. Se sua família souber lidar bem com o dinheiro, todos serão bem-sucedidos. Se todo o seu bairro souber lidar bem com o dinheiro, toda a comunidade será bem-sucedida, e assim por diante. Ou seja, todos, um a um, crescem sobre uma base firme.

Mas, se pensarmos do macro para o micro, aí a coisa fica totalmente descontrolada, e é bem fácil entender o porquê. Vamos usar como exemplo o terremoto que aconteceu no Haiti em 2010. Antes, porém, eu gostaria de lhe fazer um pedido: tenha a mente aberta para compreender este exemplo e, desde já, saiba que sou totalmente a favor de auxiliar o próximo, mas há maneiras e maneiras de se fazer isso.

O terremoto foi uma catástrofe que causou comoção em todo o mundo, e muitas nações ricas se propuseram a ajudar na reconstrução do país. Inclusive diversas celebridades de Hollywood fizeram campanhas e conseguiram arrecadar alguns milhões de dólares para as vítimas dessa tragédia. Na ocasião, o Brasil se propôs a ajudar e, além das centenas de soldados do Exército brasileiro que já estavam lá, auxiliando e servindo ao povo haitiano, também enviou cerca de 350 milhões de reais, sendo que, desse dinheiro, 135 milhões saíram do nosso Ministério da Saúde, destinados para construir e equipar dez unidades de pronto atendimento naquele país. Para a nossa macroeconomia, isso foi um passo muito importante, uma vez que muitos países em todo o mundo parabenizaram o Brasil por essa iniciativa tão generosa. Mas e quanto a nós, brasileiros? Por que, quando reivindicamos melhores condições de saúde, as autoridades dizem que não há recursos?

Vejo essa ajuda da seguinte forma: é como se você oferecesse toda a comida que tem em casa para o filho do vizinho, enquanto deixa o seu filho sem ter o que comer. O seu vizinho vai ficar eternamente agradecido, mas e quanto ao seu filho? Será que ele não deveria ser sua prioridade? Não seria mais correto dividir o que se tem do que dar o que não se pode?

Como comentei anteriormente, sou a favor de socorrer o necessitado e creio que ajudar o próximo é muito mais que fazer caridade, acho que é uma obrigação, mas temos que ter bom senso. Temos que aprender a dar o passo conforme o tamanho da perna. Pense como a saúde do nosso país poderia estar um pouco melhor se nossos governantes tivessem dividido o pão, mas sem nos deixar com fome. Por aí você já conclui que a base é o micro, o macro é outra fase, e inverter essa ordem pode ser tão catastrófico quanto um terremoto.

É preciso compreender que economia começa nas pequenas coisas, e não nas grandes, e que tudo é uma questão de escolhas, de saber priorizar o mais importante, de ter equilíbrio em tudo.

Ao estudar o próprio comportamento como consumidor é que você vai começar a compreender como deve agir, como estabelecer metas e como alcançar seus objetivos. E é a partir desse ponto que você vai poder fazer a diferença primeiro na sua vida, depois na da sua família e, em seguida, até mesmo na da comunidade em que vive.

Lembre-se: é pelo micro que se chega ao macro.

Hábitos de consumo

Para provar que a economia pode ser bem divertida, separei três histórias que aconteceram comigo para ilustrar o que é a microeconomia por meio de hábitos bem comuns de consumo. A fim de fazer da experiência de leitura deste livro algo realmente prático, tenho uma tarefa para você realizar antes de continuar com a leitura. Pegue um caderno ou abra um arquivo no computador para anotar os seus hábitos de consumo. Pouca gente já fez esse tipo de exercício e, por isso, não conhece os próprios hábitos. Esse é um dos motivos que fazem dessa tarefa algo tão legal: você vai descobrir coisas sobre si mesma que nem sabia!

Como fazer isso? Simples: reserve dez minutinhos para pensar em você e no que consome todo dia. Pense desde a hora em que se levanta de manhã.

- Você dormiu com a TV ligada, gastando energia à toa?

- Costuma ficar vinte minutos debaixo do chuveiro tentando acordar e tomar coragem para enfrentar o dia?
- Toma café da manhã em casa ou na rua?
- Compra alguma coisa no caminho de casa para o trabalho?

Enfim, refaça seus passos e anote tudo. Só com este exercício você já vai se dar conta de como está gastando parte do seu dinheiro. Se desejar fazer um relatório mais completo, anote os valores gastos em cada item e marque quais deles você já poderia começar a mudar ou até mesmo abandonar. Dessa forma vamos poder estabelecer as bases sobre as quais iremos trabalhar daqui em diante.

Feito isso, prepare-se para conhecer a Gorete, viajar para Paris e mandar a manicure pagar a conta!

Coisas de Patricia
Gorete-paga-dois-e-leva-um

Gorete era a rainha do pague-dois-e-leve-um. Ela era inquilina dos meus avós e vivia jogando coisas (boas) fora. O bebê manchou o macacão com papinha? Lixo! O salto do sapato gastou? Lixo! Sobrou só esse pedacinho de bolo e ninguém quer mais? Lixo!

Um dia, lembro que ela jogou fora uma leiteira novinha, sem uso, só porque caiu no chão e fez um amassadinho. Meu avô não se conformou e foi perguntar se ela realmente ia jogar fora.

— Já joguei, seu Antônio, é lixo!

Sendo assim, ele pegou a leiteira, mandou desamassar e polir e deu de presente para minha avó, que não ligou a mínima para a procedência nada convencional do objeto.

Um dia Gorete veio pagar o aluguel e foi convidada a tomar um café conosco. Ao olhar para o fogão, Gorete viu a leiteira em ação e ficou indignada! Respirou fundo e soltou:

— Dona Maria, a senhora pegou a *minha* leiteira do lixo? Eu, que sou pobre, joguei fora e comprei outra e a senhora, que tem dinheiro, fica pegando coisa do lixo?

Então minha avozinha (que tinha uma criatividade ímpar) respondeu:

— Por isso que você é pobre, paga dois e leva um!

Nem tudo que não reluz é lixo

Uma pesquisa da Organização das Nações Unidas para a Alimentação e Agricultura (FAO/ONU) aponta que um terço dos alimentos produzidos em todo o mundo vão para o lixo. Infelizmente, o brasileiro se inclui nessa estatística e joga 30% de sua comida no lixo, por diversos motivos: compra por impulso, vai ao mercado com fome e exagera na quantidade, acha que ter pouca comida no carrinho é sinal de pobreza etc.

O fato é que, de cada R$ 30,00 que são gastos com comida, R$ 10,00 vão para o lixo. Parece pouco? Então multiplique isso pela sua conta mensal de supermercado e você vai descobrir para onde vai boa parte do seu dinheiro!

Vamos fazer uma conta rápida: se você gasta R$ 300,00 no mercado todo mês, segundo essa pesquisa, R$ 100,00 são jogados fora. Agora pense: o que você está querendo comprar há um tempão, mas não consegue porque não sobra dinheiro? Seria finalmente poder assinar a TV a cabo que você tanto quer, mas não tem por não poder assumir um compromisso de R$ 100,00 por mês? Segundo o estudo, você pode estar jogando a mensalidade da TV no lixo! Repense sua lista de compras e fique de olho no desperdício!

A espuma que leva a Paris

Você já notou como é fácil desperdiçar dinheiro sem nem mesmo perceber? Além do desperdício de 30% com comida, pesquisas apontam que os produtos de limpeza são responsáveis por até 40% do orçamento gasto no supermercado. Segundo alguns especialistas, o que eleva tanto esses gastos são os milagrosos limpa-tudo-e-mais-

-um-pouco; aqueles das propagandas em que as mulheres aparecem flutuando ao limpar a casa, sem derramar uma gota de suor.

Nossa tendência a acreditar que esses produtos realmente funcionam nos leva a pagar pequenas fortunas por nada mais nada menos que sabão. Pois é, se você parar para ler os rótulos, vai ver que todos eles se resumem a isto: sabão! Mais adiante vamos falar sobre o assunto com mais detalhes. Mas, para começar, veja se você se identifica com esta história.

Quando me casei, oito anos atrás, comecei uma nova rotina sabendo que teria que me adaptar às regras da nova casa. Meu marido já tinha uma ótima empregada e decidimos continuar com ela. No começo ela estava meio reticente com minha chegada. Será que eu era tão limpa e organizada quanto meu marido? Será que eu ia dar muito trabalho? Será que eu ia chegar querendo virar a vida dela de cabeça para baixo? Mas eu estava tranquila, pois tudo estava muito bem, até que... fomos ao mercado!

Ela havia feito a lista, e eu estava procurando cada coisa e colocando no carrinho quando me deparei com o seguinte item: 1 fardo de sabão em pó marca X. O tal fardo era um pacote com seis embalagens de um quilo de sabão cada uma. Seis quilos de sabão para uma compra mensal numa casa onde só vivem duas pessoas? Aquilo disparou meu alarme contra o desperdício. "Pra que tanto sabão?", perguntei. "Porque a gente sempre compra esse tanto aí" foi a resposta.

Levei o bendito sabão, mas fiz uma anotação mental para investigar mais tarde o caso...

Ao falar com meu marido, ele disse que aquela quantidade de sabão não era desperdício, pois usávamos para lavar, além das roupas, os banheiros, o chão, a lavanderia... Opa! Pera lá! Lavar o chão com o mesmo sabão com que se lava a roupa? Esse é o sabão mais caro do mercado e a gente usa para lavar o chão?

Meu marido não gostava da palavra economia. Para ele, como para muita gente, ela era sinônimo de pão-durismo, coisa que ele não suporta (aliás, nem eu). Então tive que criar uma estratégia. Eu não podia ver nosso dinheiro descendo pelo ralo, literalmente!

O dinheiro não pode ir por água abaixo

Minha tática foi simples e direta: "Amorzinho, precisamos lavar o chão com um sabão mais eficaz. As marcas mais baratas têm químicos mais fortes na composição e dissolvem melhor a sujeira. Elas fazem um estrago nas roupas, mas maravilhas no chão! Já para as roupas, vamos continuar comprando o melhor. O que você acha?"

Ele topou na hora. Fazendo as contas, passamos a economizar cerca de R$ 25,00 por mês com essa mudança de hábito. Pode parecer pouco, mas, se multiplicarmos por 12 meses, veremos que a economia foi de R$ 300,00 ao ano. E, se multiplicarmos por nossos oito anos de casados, a economia foi de mais de R$ 2.400,00. O chão continua limpo, e as roupas, impecáveis, mas sem que nosso dinheiro vire espuma.

Esse exemplo é de apenas um item da nossa compra mensal, e nem chega a ser o mais caro. Mesmo assim, conseguimos economizar o valor equivalente a uma passagem de ida e volta a Paris! Reveja também a sua lista de material de limpeza e comece a treinar seu francês. *Voilà!*

A MANICURE PAGOU A CONTA

Como em tudo nessa vida, equilíbrio é uma palavra que sempre deve estar na sua cabeça quando o assunto é economia. Lembra aquele número de circo em que o equilibrista fica girando várias hastes para não deixar os pratos caírem? A economia doméstica também deve funcionar assim: na base do equilíbrio. Com o tempo, você pega a prática e a coisa fica automática. Mas, se você girar algum prato com pouca força, pode precisar de uma ajudinha. No meu caso, sobrou para a manicure.

Um dia fiz uma extravagância! Passei em frente a uma loja de calçados só para ver se tinha um sapato beeeem baratinho... Para minha surpresa, havia vários pares do meu número, 33/34, que é bem difícil de achar. Claro que não estavam em promoção, mas eram tão lindos...

Eu não tinha previsto comprar sapatos naquele mês, mas acabei saindo da loja com três sacolas contendo quase R$ 1.000,00 em preciosos sapatos salto 15, que tanto colaboram para driblar minha pouca altura. No caminho para o trabalho fui pensando em como mostrar minhas aquisições para o meu marido sem que ele se aborrecesse. Ele não é do tipo que controla minhas compras, pois confia na minha administração, mas, mesmo assim, não estava me sentindo muito bem por ter feito um gasto daqueles sem falar com ele antes. Eu tinha que bolar um plano!

A maioria das mulheres utiliza a técnica do conta-gotas, que é esconder as compras e ir mostrando aos pouquinhos. Outras usam a técnica que batizei de ADM — Aproveitamento da Distração Masculina —, que consiste em torcer para o marido não perceber que elas estão usando algo novo. Particularmente não sou adepta de nenhuma delas, então, eu precisava de uma ideia original.

Já no trabalho, vi que minhas unhas não estavam lá essas coisas, então pensei em marcar hora na manicure. E foi aí que surgiu a ideia salvadora do meu orçamento!

Salvando o orçamento com unhas e dentes

Aqui perto de casa o serviço de manicure custa R$ 25,00 e o de pedicure, R$ 40,00. Considerando que eu fazia a mão toda semana e o pé uma vez ao mês, meu gasto mensal era de R$ 140,00. Então resolvi que a manicure iria pagar a conta dos meus sapatos! Não seria tão simples, pois eu teria que abolir o salão da minha vida por sete longos meses, 28 longas semanas... Mas, por outro lado, meu marido não iria se aborrecer e minha conta bancária não sofreria nenhum estrago.

Acabei me acostumando a fazer minhas unhas e raramente vou ao salão. Virou uma espécie de terapia! Isso já tem dois anos e meio e, além de ter pagado aqueles sapatos, com essa economia ainda pude comprar várias outras coisas, inclusive alicates, esmaltes antialérgicos (que são bem mais caros que os comuns), lixas, cremes e outros apetrechos necessários. Comprei até um *nécessaire* cheio de estilo para guardar tudo bem-organizado. É o meu bauzinho das unhas.

Fazendo as contas, até eu me surpreendi: economizei R$ 140,00 durante trinta meses, o que totaliza uma economia de R$ 4.200,00! Tirando o que gastei com meu kit de unhas, ainda sobrou praticamente R$ 4.000,00.

Mas é preciso dizer (para minha segurança): manicures, não me odeiem!

Veja, a ideia aqui não é iniciar a campanha "abaixo o salão de beleza", nada disso! Quem já morou em outros países sabe o quanto as nossas manicures são excelentes. Arrisco dizer que são as melhores do mundo e morri de saudades delas estando longe de casa!

O conceito é *equilibrar as contas*. Se você se deu alguns luxos sem ter tido um aumento no orçamento, o ideal é sacrificar outros, assim, a sua conta não entra no vermelho. Você prioriza uma coisa e sacrifica um pouquinho nas outras que podem ficar em segundo plano. O que não dá é querer tudo de uma vez e colocar a conta para o cheque especial pagar. O banco vai lucrar muito e vai até incentivá-la a fazer isso, mas logo você vai ver que sair dessa armadilha dos juros é muito mais difícil do que fazer as próprias unhas!

Se você precisa dar uma equilibrada nas contas, experimente fazer o seguinte: anote todos os seus gastos que vencerão ainda este mês (os que você gastou e os que ainda terá que gastar). Depois anote o que vai entrar de dinheiro (receita) e veja se está equilibrado (ou seja, se o que entra será suficiente para cobrir os gastos). Se você vir que não vai dar, já veja o que pode ser cortado antes que a situação piore. Em seguida, trace um plano para cobrir o que estiver faltando. A ideia é não entrar no mês seguinte com o saldo no vermelho.

Capítulo 2

Metas

Estabelecer metas e descobrir talentos

Por mais incrível que possa parecer, já presenciei casos em que amigas minhas gastavam seu suado salário à toa simplesmente porque não tinham uma meta bem-definida do que fazer com ele. E mais incrível do que isso só o fato de descobrir que muita gente se comporta dessa forma...

Para tudo na vida em que você quiser ser bem-sucedida é necessário, antes de qualquer coisa, estabelecer *o que é ser bem-sucedida para você*. O próximo passo é definir os prazos para a conquista de cada etapa e, por fim, traçar uma estratégia para alcançar satisfatoriamente cada uma delas.

O estabelecimento de metas deve ser muito bem-pensado, pois todo o seu planejamento vai se basear nisso. Assim, ter muito claro em sua mente o que você quer para si própria é primordial. É fato que muitos pais projetam seus sonhos nos filhos, desejando que eles sejam médicos, advogados, jogadores de futebol etc. É muito bacana quando esses sonhos coincidem, mas o contrário pode significar uma vida de frustrações.

Meu marido fez engenharia civil para agradar ao pai, mas acabou chegando à conclusão de que não era aquilo que queria como profissão. Resultado: abandonou a carreira, e o pai ficou sem falar com ele por dois anos... Apesar de ter sido uma decisão muito difícil, meu marido nunca se arrependeu. Hoje ele brinca que, se tivesse seguido a engenharia, estaria fazendo banheiros sem ralo, garagens sem porta e outras sandices mais. Foi fotografando obras que ele desenvolveu a paixão pela fotografia, que tem sido sua profissão há 25 anos. E o engraçado é que ele é tão fotógrafo, mas tão fotógrafo, que eu jamais poderia imaginá-lo fazendo outra coisa. Se ele passar dois ou três dias sem fotografar, é mau humor na certa!

Comigo e com minha irmã a coisa foi bem diferente. Nós éramos tão pobres que nossa família não tinha grandes expectativas quanto ao nosso futuro. Qualquer coisa que fizéssemos que fosse capaz de nos sustentar já estava valendo! Mas a cobrança por resultados partia de nós mesmas, pois tínhamos o desejo de provar que podíamos vencer na vida apesar das circunstâncias desfavoráveis.

Qualquer que seja o seu caso, esteja focada em você mesma e no que você quer. Você tem uma vida só, apenas uma chance. A sua existência é única e não pode ser determinada por quem quer que seja. Por mais que você seja indecisa ou até mesmo insegura, não existe ninguém melhor do que você mesma para traçar o seu destino. *Você só precisa descobrir qual é o seu talento.*

Busque testes vocacionais, entreviste pessoas que atuam nas áreas de seu interesse e decida por si mesma. E nem ouse dizer que não tem nenhum talento! No máximo você ainda não o descobriu. Posso dizer sem a menor sombra de dúvida que você tem, no mínimo, um. E posso acrescentar que, provavelmente, você tem mais de um.

Para aqueles que já estão com a carreira definida, vamos ver algumas dicas de como estabelecer suas metas.

Planejar e manter o foco

Ninguém faz segredo sobre aquela "lista de desejos" que vamos criando durante toda a vida. Todas nós temos uma dessas e incluímos desde coisas pequenas até aquelas que consideramos sonhos. Mas por que algumas de nós alcançam seus desejos e outras, não? Qual é o segredo? O que fazer?

Há um trio de dicas muito simples que, quando seguido à risca, é bem eficaz:

1. Seja *realista*.
2. *Priorize* suas necessidades.
3. *Foque* no que você quer.

Vou usar um exemplo real, que aconteceu com uma colega de trabalho, para ilustrar os estragos que a falta desse trio de dicas pode causar no planejamento de qualquer um.

Vamos chamar essa colega de Rosana para preservar sua identidade, mas o nome dela é, na verdade, M... Opa! A ideia é não falar, desculpe!... Rosana era mãe solteira de uma menina fofa de dez anos e, durante um almoço, conversando sobre nossas projeções para o ano novo, ela me contou que tinha três metas a serem alcançadas *dentro dos 12 meses que estavam por vir*:

- Matricular a filha numa escola particular.
- Comprar um carro.
- Morar e trabalhar em Londres.

Aquele planejamento me pareceu, no mínimo, o forró do cangaceiro doido... Não fazia o menor sentido querer coisas tão diversas dentro de um único ano. Como ela pediu minha opinião, pois eu já havia morado fora do país, aproveitei para lhe fazer três perguntas básicas com o objetivo de que ela concluísse, por si mesma, que precisava repensar sua lista de desejos:

- Por que trocar sua filha de escola se vão morar no exterior?
- Por que comprar um carro se terá que vendê-lo, por muito menos, quando forem embora?
- Vocês falam inglês?

Seguem as respectivas respostas:

- A escola particular é muito melhor, e eu quero o melhor para a minha filha.
- Ué, todo mundo tem carro, e seria muito mais fácil deixá-la na escola pela manhã e vir para o trabalho.
- Não tenho tempo para estudar inglês agora, quando chegarmos lá aprenderemos "rapidinho".

Você acha que a Rosana havia estabelecido metas reais? Você acredita que há algum planejamento no mundo que pudesse torná-las realidade? Acho que não! Rosana estava "levando a vida", como muita gente faz, ao não planejar seu futuro de forma coerente. Sua lista de desejos era tão confusa que, se fosse um mapa, ela apontaria para a China e acertaria a Somália.

Minha intenção não foi jogar um balde de água fria nos planos da minha colega, mas, sim, fazê-la refletir que, daquela forma, ela não chegaria a parte alguma, além de criar na filha uma expectativa que não se cumpriria. O que a Rosana precisava era estabelecer metas reais, com prazos reais, para chegar a um resultado real.

Meus conselhos não passaram de frases óbvias, mas que, para ela, não eram tão óbvias assim...

- Se o objetivo era realmente morar fora, o certo seria guardar o máximo de dinheiro possível para se manterem lá até que as coisas começassem a entrar nos eixos.
- Falar o idioma local é imprescindível, então, teria que surgir tempo para isso. Afinal, como arrumar trabalho sem saber falar, sem saber ler? Imagine-se um mudo-analfabeto!

- E, em vez de colocar a filha numa escola particular, investir em um curso de inglês intensivo seria bem mais útil.

Se o objetivo fosse melhorar a qualidade de vida aqui, então eu estaria 100% de acordo com matricular a criança na melhor escola, com a compra de um carro etc. Você acha que é preciso ser o gênio da lâmpada para saber disso? Claro que não! O que aconteceu aqui não foi nenhum golpe de genialidade, mas, sim, apenas o emprego de um *raciocínio lógico, real e nada emocional.*

O pior é que a Rosana não canta sozinha nesse coro. Há muita gente que também não sabe planejar. E há aqueles que até conseguem definir metas reais e traçar um bom planejamento, mas acabam perdendo o foco no meio do caminho e colocam tudo a perder. Daí a razão do tal "entra ano, sai ano" e a vida da pessoa não muda. É como dizem nossos amados baianos, com seu incrível bom humor: "Amanhã tudo pode acontecer, inclusive nada!" Piadas à parte, a ansiedade por mudanças às vezes é tão grande que parece que as pessoas vivem correndo sobre uma esteira elétrica: se cansam, se esforçam, aceleram, apertam o passo, mas não saem do lugar. Você não quer isso, então, para mudar o resultado, só mudando de atitude.

Guarde esta frase: *nada muda se eu não mudar.*

E, já que estamos falando em gênio, veja a definição de loucura citada por Albert Einstein:

> Não há maior sinal de loucura do que fazer uma coisa repetidamente e esperar a cada vez um resultado diferente.

Lista realista

Pegue lápis e papel e pense em tudo o que quiser. Você é livre para sonhar, não tenha medo de voar alto. Lembre que tudo nasce a partir de uma ideia e que não importa se, no início, essa ideia parecer até ridícula. Vá em frente, amadureça cada uma delas e deixe-se levar nesse exercício de brainstorm.

Usamos muito esse método em publicidade, que, numa tradução livre, significa algo como "tempestade cerebral". O objetivo é anotar tudo o que nos vem à cabeça, sem descartar nada, e depois passar um pente fino e ver o que pode ser aproveitado. Além de muito divertido, costuma ser muito proveitoso.

Mas, independentemente de qualquer coisa, sua lista tem que ser, antes de mais nada, *realista*. Como já mencionei, isso não quer dizer que você não possa sonhar, mas, sim, que você deve ter um plano real para alcançar seus sonhos.

Definida sua lista realista (gostei da rima!), o próximo passo é *priorizar* seus desejos. Como somos adeptos de mais prática e menos teoria, vamos a um exemplo de lista realista com priorização de desejos. Vou usar a que sugeri para meu sobrinho, que está começando sua carreira profissional aqui no Brasil, depois de ter morado no exterior praticamente a vida inteira.

Ele voltou perdidinho da silva. Em casa, sempre falou português com os pais, mas nunca estudou aqui nem muito menos trabalhou. Como seu trabalho é bastante técnico e boa parte dos termos usados é em inglês, ele já conseguiu emprego numa ótima empresa há uma semana. Por enquanto está vivendo na casa dos pais, mas já sabe que terá um salário razoável, suficiente para se manter. Quando a titia aqui se inteirou do assunto, logo pensou: "Salário mensal na mão de um jovenzinho sem objetivo vai virar fumacinha em dois tempos..."

Como ele está nessa fase de adaptação, perguntei o que ele esperava do trabalho (afinal, é ele quem decide) e sugeri um plano de ação com prazos. Em outras palavras — já que não é nada fácil arrancar informações verbais dele —, ele me disse que quer se dedicar ao máximo ao trabalho (inclusive estando disposto a fazer dois turnos em vez de um), alcançar sua independência e comprar um carro. Ótimas metas! Porém, ele queria o carro primeiro... Então sugeri outras prioridades à lista e um plano de ação com base nela.

Lista realista com prioridades

1. Pegar dois turnos no trabalho para definição da renda.
2. Ser independente.
3. Comprar um carro.

Plano de ação

1. Renda: sabendo qual será sua renda, fica mais fácil estabelecer planos e prazos. Então, como meu sobrinho não tem necessidade de sair imediatamente da casa dos pais, sugeri que, enquanto ele tem apenas um turno de trabalho, guarde parte do salário para o pagamento do seguro-fiança quando for alugar seu cafofo. Se conseguir guardar uma boa quantia, também já pode servir para a mobília. Tendo um segundo turno, ele já terá condições de alçar voo solo.
2. Independência: alugando seu canto e colocando as mobílias mais necessárias, ele já pode se considerar um adulto! Depois é só ir dando seus toques pessoais e começar a aprender, na prática, a pagar as contas, cuidar das próprias roupas e da alimentação e fazer da sua casinha um lar, doce lar. Somente estando nessa nova situação é que ele vai saber se a renda que tem é suficiente para

cobrir sua subsistência e, finalmente, poder seguir para o passo três. Opa! Seguir para o passo três só depois de ter feito todo o trâmite para tirar a CNH, pois ele não está habilitado a dirigir no Brasil. Isso também tem um custo e deve fazer parte do orçamento.

3. Carro: tendo as contas em ordem e já estabelecida sua rotina de gastos, será possível avaliar qual o valor mensal que ele poderá investir na compra de um carro. A ideia não é que a família dê entrada ou o pai ajude nas parcelas, nada disso. O plano é para que ele conquiste, por seus méritos, aquilo que tanto quer. Não há melhor herança que um pai possa deixar para os filhos do que ensiná-los a se virar. Uma vez que se saiba quanto ele pode pagar para realizar seu sonho, é questão de escolher um carro dentro desse valor, passar na concessionária e sair para comemorar!

Veja que essa lista *não* inclui baladas, roupinhas de grife todo mês, tênis da moda, eletrônicos de todo tipo a torto e a direito nem comer pizza todo final de semana. Todas essas coisas que não foram incluídas podem até ser muito legais, mas certamente irão atrasar e, em alguns casos, inviabilizar o plano principal. É aí que entra a última, mas não menos importante, etapa desse trio: *manter o foco*.

Quer um sinônimo para a expressão "manter o foco"? Então lá vai em caixa alta: SACRIFÍCIO!

Para não corrermos o risco de esquecer, vamos associar ao que chamo de *4S*:

SEM SACRIFÍCIO,

SEM SUCESSO.

Acredito que em 100% dos casos, é impossível manter o foco sem ter que fazer sacrifícios. Sacrifício, não "sacrifácil"! Não queira dar uma colher de chá para si mesma. Jeitinho brasileiro? Nem pensar; seja firme! De que adianta saber que é preciso trocar o colchão da cama, mas, em vez disso, marcar happy hour a semana inteira com os amigos porque está estressada de tanto dormir mal? Vá à raiz do problema, resolva e depois comemore. Lembra-se do micro e do macro? (Se você já esqueceu, faça o favor de voltar ao capítulo 1 e ler tudo de novo!)

Resumindo: considere suas necessidades e seus desejos e priorize as coisas a serem conquistadas em curto, médio e longo prazo. Trace um plano — se possível com datas — para alcançar as etapas e comemore muito a cada conquista. Você vai se orgulhar muito de si mesma!

Perseverança

Muito mais do que um verbo, perseverar pode ser a chave do sucesso. Nós, seres humanos, temos a mania — ou, como diz a minha irmã, o "costuminho" — de querer facilitar e acelerar as coisas. Se algo começa a demorar um pouquinho, a gente já quer desistir, partir para outra, abandonar o navio, pular fora. Ô mania besta!

E olha que deveríamos ter muito claro na nossa cabeça que isso não funciona, afinal, desde crianças vivemos experiências que mostram o quanto precisamos acompanhar a ordem natural das coisas e sermos persistentes. Lembra-se de quando sua mãe dizia: "Estuda só mais um pouquinho, lê só mais esta página..." Então você choramingava e convencia sua mãe de que precisava muito trocar os cadernos pelo Chapolin Colorado só para esfriar a cabeça? No outro dia, bomba! Caiu na prova exatamente o que você deixou de ler...

Em vez de aprender e não repetir o erro, tenho certeza de que você ainda se flagra fazendo esse tipo de coisa. Pense em quantas vezes você já se deu mal simplesmente por não ter insistido só mais um pouquinho. Ou ainda, por ter achado que o caminho seria longo demais e nem quis começar a andar.

Pode parecer piegas, porém é a mais pura verdade: qualquer caminhada, seja longa ou curta, começa com o primeiro passo. Para cruzar a linha de chegada é só continuar andando, não é preciso dar nenhum pulo do gato, basta continuar a fazer aquilo que você já sabe: perna esquerda, perna direita, um, dois, um, dois. Mas, ainda assim, a gente tende a desistir e, pior, a justificar a desistência: tá calor; tá frio; tô cansado; já andei muito; esse tênis tá apertado; não achei que fosse demorar tanto; quer saber?, nem me lembro mais porque queria chegar lá... Tchau!

Fora nossa tendência preguiçosa, ainda temos que tomar cuidado com os fatores externos, pois geralmente, ao contrário do que deveria acontecer, recebemos muito apoio de terceiros para engrossar a lista das justificativas para abandonar nossos objetivos. Muitas vezes, pessoas bem-intencionadas nos "ajudam" a desistir por compaixão, ao ver nosso sacrifício. Mas essa "emoção" não vai de fato ajudar ninguém, só vai levar para mais longe a conquista que você quer.

Para ajudá-la a guardar o significado da palavra "perseverança", medite sobre esta frase:

> PERSEVERANÇA é o trabalho árduo que você faz depois de estar cansado do trabalho árduo que você já fez.
> — *Newt Gingrich*

Coisas de Patricia
Com muita sede ao suco

Lembro-me de que eu e minha prima Eloisa, a dupla dinâmica das bizarrices, amávamos brincar de "drinque". A gente achava chique aquele pessoal nas novelas indo um na casa do outro simplesmente para tomar um drinque. Como na nossa família não tinha nada dessas *finesses*, o drinque acabou virando uma de nossas brincadeiras favoritas. Mas calma, não era nada alcoólico, os nossos drinques eram feitos com aqueles sucos instantâneos, em pó. Cada vez escolhíamos uma cor, e dá-lhe suco!

Na casa da nossa avó havia uma cristaleira maravilhosa, cheia de todos os tipos de conjuntos de copos e taças, de vidro e de cristal, lapidados à mão pelos meus tios e pintados a ouro líquido por minha mãe e minha tia. Esse foi o ofício da família por muitos anos.

Nós ficávamos vidradas durante horas na frente da cristaleira, sonhando que, quando casássemos, aquele jogo seria dado a mim e aquele à Eloisa e esse outro à Sandra etc. Para podermos tocar em algum copo, só se minha avó estivesse muito distraída, e isso geralmente acontecia na hora da novela. Então, um dia, bolamos um plano infalível: assim que a novela começasse, iríamos pegar tudo o que quiséssemos na cristaleira para incrementar nossa brincadeira. Nada daqueles copos de plástico ou de requeijão, nós queríamos uma brincadeira de arrasar!

Depois do jantar, esperamos o início da novela e começamos a colocar nosso plano em ação. Foi perfeito! Conseguimos levar para a copa várias peças e começamos a nos servir. Foi suco na taça, suco na jarra, suco no copo, suco na tulipa, suco até em xícara. Como já deu para perceber, a gente acabou se empolgando demais... Começamos a passar mal, as duas ao mesmo tempo, e só então percebemos o tanto de louça que tínhamos sujado! E agora?

— Temos que lavar tudo, secar e pôr de volta sem a vó ver!

— Eu não aguento, tô muito mal...

— Eu também...

— Vai acabar a novela, vamos limpar essa bagunça!

— Espera, não dá, eu tenho que correr pro banheiro!

— Não, primeiro eu! Sai da frente!

Foi uma tragédia! As duas disputando o mesmo vaso sanitário enquanto a minha avó assistia a tudo da porta do banheiro.

— Vocês vão limpar tudo, viu? Não quero nem saber... E vocês têm até amanhã para acabar com esse suco que sobrou. Nada de jogar fora. Fizeram e agora vão tomar tudinho!

Que vexame! Ficamos um bom tempo sem nem poder pronunciar a palavra "suco", mas, mesmo assim, não foi fácil aprender a lição...

Muita calma nessa hora

É difícil mantermos o foco na hora em que estamos distraídos com tantas opções legais que existem por aí. Se nós tivéssemos mantido o foco na brincadeira, certamente não teríamos passado esse perrengue. É claro que hoje é engraçado lembrar essa história, e a gente sempre ri cada vez que falamos no assunto. Mas, quando chegamos à vida adulta sem aprendermos essa lição, a coisa perde a graça.

E é isso que acabamos fazendo quando, por exemplo, achamos legal a sensação de comprar um sapato, principalmente nós, mulheres, que costumamos ter uma quedinha por eles. Um é legal, dois são muito mais legais... Três, então, devem ser superlegais... Mas 45 poderão virar uma baita indigestão financeira!

Você não precisa abandonar de vez o suco, quer dizer, as coisas de que gosta, para não correr o risco de viver uma vida muito monótona. Mas não deixe que nada a afaste do seu foco principal, afinal, é muito bacana cumprirmos o que prometemos a nós mesmas!

Tá a fim de incomodar?

Se você está mesmo disposta a perseverar pelo que quer, coloque uma coisa na sua cabeça: sempre que você subir um degrau, crescer em algum aspecto da sua vida ou conquistar algo, vai incomodar os acomodados.

Os acomodados são pessoas que não têm coragem, nem atitude, muito menos força de vontade ou fé em si mesmos (nem sequer em Deus) para sair de suas zonas de conforto. Bem, usei a expressão "zona de conforto", mas o que se encaixa melhor aqui é: sair de suas "vidinhas".

Os acomodados têm desculpas para tudo, inclusive para não fazerem nada. Alguns deles já se tornaram profissionais e desenvolveram verdadeiras teses para defender seu estilo amortecido de viver. Parece que estão sob o efeito de algum anestésico, não têm aquele desejo de produzir, aprender — enfim, de fazer a diferença.

Se ganham pouco, é porque a economia vai mal, embora haja muita gente prosperando. Se perderam (outra vez) o emprego, é porque o patrão não reconheceu seu valor, embora haja outros funcionários crescendo na mesma empresa. Bom, vou parar por aqui porque a lista de desculpas dos acomodados é infinita, e só de pensar nela me dá... Deixa pra lá!

Se você está disposta a ter uma vida próspera e a fazer a diferença na sua família e até mesmo na sua comunidade, prepare-se para divisões, inimizades, inveja e muita crítica.

Não vai faltar gente para dizer o famoso: "Deixa disso, tá pensando que é melhor que a gente?"

Não que você vá criar essas divisões ou inimizades, mas o cordão dos acomodados (esse, sim, cada vez aumenta mais) vai pender para outro lado. Eles vão ficar incomodados com o seu sucesso e, em vez de seguir seu exemplo, vão atacá-la por passar a frente deles. Isso é natural e, infelizmente, não vai mudar nunca.

Sempre teremos os acomodados, os críticos de plantão, os sabe-tudo que têm resposta para todas as perguntas. O engraçado é que, mesmo "sabendo tudo", a vida, ou melhor, a vidinha dos acomodados não sai do lugar.

Tenho certeza de que você conhece gente assim. E, se quer saber como se relacionar com eles, infelizmente não sei... Mas, seja qual for a forma como você decida lidar com os acomodados, é melhor que seja bem de longe. Vai que isso pega?

Eta campinho ruim!

Ao contrário do que tenho contado até aqui, gostaria de apresentar uma história fictícia que ilustra como as pessoas lidam com a perseverança. O conto se baseia numa parábola muito interessante da cultura judaica, tão rica em sabedoria com uma pitada de humor.

Dois irmãos herdaram um mesmo campo. Prevendo que pudesse haver um conflito, o pai deixou instruções no testamento para que o campo fosse dividido ao meio, em partes iguais, e que um irmão não interferisse na parte do outro de maneira alguma. E assim foi feito.

Como cada um dos irmãos tinha o próprio trabalho, o campo estava jogado às traças, mas como em cavalo dado não se olham os dentes, os dois irmãos — que vamos chamar de Menache e Moshé — foram visitar o tal campo.

Menache — apesar de mais velho — era o mais comprometido financeiramente. Tinha só o ensino básico, pouca qualificação e o único emprego que conseguiu, ainda moço, foi como operário na pequena fábrica do sr. Simeão, que pagava bem pouco. Mesmo assim, ele era muito grato, fazia o que lhe mandavam e morria de medo de ser demitido. Era melhor que ninguém nem se lembrasse da existência dele.

O mais novo, Moshé, também não havia tido oportunidade de estudar, mas, sempre que podia, passava algumas horas observando seus colegas trabalharem e vivia fazendo perguntas sobre como fazer isso e aquilo. Ele começou na tecelagem Steiner como empacotador, mas aprendeu a operar uma empilhadeira nas horas vagas e, na primeira oportunidade, foi promovido e passou a ter um salário melhor.

Moshé começou a recuperar a sua parte do campo com muito entusiasmo, pois queria começar sua plantação o quanto antes. Tirou o entulho, preparou o solo, plantou e adubou. Tudo durante a noite, depois do trabalho na tecelagem. Foi muito duro, mas ele estava muito satisfeito por trabalhar naquilo que era seu.

Já Menache pensava: "Tenho que estar descansado para o trabalho na fábrica. Se eu não estiver bem-disposto, certamente o sr. Simeão vai me demitir." E ainda criticava seu irmão:

— Com essa história de trabalhar à noite você vai acabar ficando sem nada, pois esse campo não presta e ainda vai deixá-lo tão cansado que você vai acabar perdendo o emprego na tecelagem!

Mas Moshé era determinado e perseverante. Ele acreditava no resultado positivo de seus esforços e que teria uma vida melhor.

Chegando a época da colheita, Moshé precisou contratar trabalhadores para ajudá-lo a dar conta do serviço. Alugou caminhões e foi vender sua grande produção na capital. Quando voltou, após depositar o dinheiro no banco, viu sua parte do campo vazia de novo, pronta para recomeçar. Sentiu-se recompensado e disposto a reiniciar o processo.

No mesmo dia, seu irmão, Menache, ao passar por perto do campo que não visitava desde que seu pai havia morrido, resolveu dar uma olhada, afinal, não ia custar nada. Chegando lá e vendo que não havia plantação alguma, exclamou:

— Não falei? Eta campinho ruim que não nasce nada!

Capítulo 3

Orçamento

Vantagens do orçamento

Essa é uma etapa de extrema importância para quem deseja organizar-se financeiramente. É absolutamente impossível ter controle financeiro sem o estabelecimento de um *orçamento*. Por isso, tenha em mente que você terá que incorporar esse hábito no seu dia a dia, assim como tomar banho e escovar os dentes.

O orçamento é um aliado das suas finanças, não um domador com banquinho e chicote em punho. Ele serve como um quadro da sua situação financeira e facilita na tomada de decisões, pois lhe permite ter uma visão panorâmica que pode incluir o presente e o futuro.

Só dessa forma você será capaz de enxergar com o que está gastando seu dinheiro, o que pode ser evitado, adiado, excluído ou diminuído, além de ajudar na criação de um projeto de poupança para o futuro. Sim, você leu direito: poupança para o futuro! Se você não está conseguindo nem pagar as contas do mês, saiba que aprendendo a equilibrar seu orçamento, provavelmente vai descobrir que tem mais dinheiro do que pensa e vai conseguir até poupar uma parte dele.

Você já tem a sua lista de desejos, certo? Agora você precisa do mapa da mina para chegar até eles, e esse mapa é, sem dúvida, o orçamento. Ao confrontar a sua lista de desejos com o orçamento, você poderá descobrir que, apesar de querer comprar uma geladeira nova, tem gastado muito dinheiro jantando fora várias vezes por semana. Ou que, apesar de querer fugir do pesadelo do aluguel, financiou um carro e as prestações estão tirando seu sono.

O orçamento vai, entre outras coisas, ajudá-la a fazer as escolhas certas. Por isso ele tem que ser simples, prático e bastante funcional. Deixe os mapas cheios de enigmas para os filmes de piratas!

Tenha em mente também que a composição do orçamento pode variar de acordo com uma série de fatores. Por exemplo: hoje, pode ser que seu orçamento precise ser direcionado para a quitação de dívidas. Amanhã, quando essas dívidas estiverem quitadas, seu foco deve passar para outro aspecto e assim por diante.

Apesar de trabalharmos com planilhas mensais, vamos pensar no seu orçamento projetando sempre o ano todo, assim vai ficar ainda mais simples prever o que está por vir.

Economia pessoal, ao contrário do que se pensa, não é uma coisa monótona. É muito interessante e dinâmico acompanhar o progresso da nossa vida financeira e tomar as rédeas de uma situação que a maioria das pessoas pensa ser impossível.

Se você tem papel, caneta e uma calculadora, não precisa de mais nada. Não é necessário nenhum programa financeiro, um supercomputador ou aplicativos mirabolantes. Vamos começar? É pra já!

Planilha orçamentária, uma grande aliada

Quem me conhece sabe que eu detesto covardia. Até porque, como entrei na escola antes do tempo, sempre fui a menor da turma e tinha que me virar para me defender dos "cavalões". Mas ter uma planilha orçamentária bem-

-feita é como se você chamasse seus amigos para jogar futebol vendados, no seu campo, com a sua bola, tendo seu pai como juiz e seus tios como bandeirinhas. Nessas condições, nem que você fosse a perna de pau do século seria difícil perder!

Antes de colocarmos a mão na massa para montar a planilha orçamentária, você precisa conhecer os três tipos de gastos que serão lançados nela.

Gastos fixos

São os que apresentam o mesmo valor todos os meses. Geralmente são despesas das quais você não tem como fugir, como aluguel, mensalidade da faculdade, plano de saúde ou prestações fixas que você tenha assumido por meio de algum empréstimo. Apesar de serem fixos, é importante lembrar que eles sofrem reajustes de tempos em tempos.

Gastos variáveis

São os que você paga todo mês, mas não têm valores fixos, como as contas de consumo (água, luz, telefone), cartões de crédito etc. Diferentemente dos gastos fixos, é possível administrar os variáveis de forma a equilibrar o orçamento. Uma parte do dinheiro que aparecerá na sua conta surgirá daqui. Essa mágica você vai conhecer mais adiante. É fantástica!

Gastos arbitrários

Esses gastos se resumem àqueles de que mais gostamos: restaurantes, roupas, cabeleireiro... Eles farão parte do nosso orçamento, pois o lazer e a satisfação pessoal têm que estar presentes no nosso dia a dia. O que vamos fazer é aprender a lidar com eles, pois em geral acabam virando os vilões do orçamento. Pense nos gastos arbitrários como se fossem eletricidade: você precisa imensamente disso, mas nem pense em enfiar o dedo na tomada!

Lembre-se de que nossas planilhas serão mensais, mas sempre trabalharemos com um período anual. Por isso é importante incluir despesas sazonais, como IPTU, IPVA, matrícula de escola, aniversário dos filhos etc.

Montando a planilha

Finalmente! Vamos à parte de que eu tanto gosto: juntar todas as peças e ver no que dá. Depois de feita a planilha, algumas irão concluir que sua situação não está tão mal como pensavam. Outras, ao contrário, vão ver que estão fechando no vermelho. Independentemente do resultado desse quebra-cabeça, saiba que você tem todas as peças e que pode trabalhar de forma a alcançar aquilo que você quer. Esse é o primeiro passo em direção ao sucesso.

Para montar sua planilha, basta seguir quatro etapas bem fáceis e práticas.

1. Calcule a sua renda

Você sabia que tem gente nesse mundo de meu Deus que nem sabe quanto ganha? Há também quem pensa que ganha um valor, mas, na verdade, não é o real.

Pessoas que trabalham por conta própria e que não têm uma entrada de receita fixa mensal muito facilmente se complicam já nesta parte do orçamento. E outras, que têm um salário fixo, muitas vezes calculam sua receita pelo bruto, esquecendo-se de que há uma série de descontos que diminuem sua entrada real de dinheiro.

Esta etapa é muito importante, então veja em que caso você se enquadra:

a) Receita variável: se você não tem uma receita fixa, procure levantar a média de entradas que teve nos últimos quatro ou seis meses. Considere também o que está previsto para entrar neste mês e nos próximos. Dessa forma você vai encontrar o valor aproximado da sua renda.

b) Receita fixa: se você recebe salário, pegue seus holerites (ou contracheques) e veja mês a mês quanto você recebe de salário líquido. Isso é importante, pois há meses em que há mais descontos (contribuição sindical, por exemplo) e meses em que a renda é maior, com acréscimos de férias, 13º salário, prêmios etc.

O QUE NÃO FAZER

Jamais some à sua renda qualquer tipo de crédito que você tenha. Os bancos costumam somar o limite do cheque especial ao saldo real da conta e, infelizmente, muita gente incorpora o valor como se fosse seu.

Se seu saldo é de R$ 100,00 negativos e o seu limite de crédito é de R$ 1.000,00, o banco vai indicar que você tem R$ 900,00 "disponíveis", quando, na verdade, você está devendo R$ 100,00. Cuidado!

2. Lance as despesas

Você já conhece os três tipos de gastos, então tenha todos à mão na hora do lançamento.

3. A planilha

Você pode desenvolver a sua planilha de várias maneiras: em um caderno, em fichários, no computador ou usando um aplicativo para smartphone ou tablet. A forma não importa, desde que seja a mais simples e prática para a sua realidade.

O importante é dispor cada lançamento de forma a obter uma visualização fácil. Segue na próxima página um exemplo bem simples.

Digamos que esse seja o seu orçamento com todas as receitas e despesas para o mês de janeiro. Repita o proce-

MEU ORÇAMENTO FICTÍCIO

Data	Receitas		Despesas					
			Fixas		Variáveis		Arbitrárias	
5-Jan	Salário	3.000,00	Aluguel	750,00	Luz	100,00	Almoço	240,00
10-Jan	Vendas	500,00	Faculdade	350,00	Água	30,00	Roupas	220,00
			Empréstimo	180,00	Telefone	50,00	Cafezinho	40,00
			Internet	90,00	Celular	120,00	Pet shop	30,00
			Carro	320,00	Mercado	320,00	Cinema	35,00
			Filhos	100,00	Feira	125,00		
					Combustível	150,00		
					Cartão	150,00		
		3.500,00	Total	1.790,00	Total	1.045,00	Total	565,00
Total receita			Total geral das despesas					3.400,00
Saldo	100,00							

dimento para os próximos 11 meses, completando o seu orçamento anual.

De posse de todas as planilhas do ano, você terá um raio X bem detalhado da sua situação financeira. Pode ser que você nunca tenha reparado que gasta tanto com um único item e que poderia até reduzi-lo para fazer sobrar dinheiro.

Aqui, no nosso exemplo, a dona deste orçamento está gastando praticamente toda a sua renda, tendo apenas R$ 100,00 de fôlego para toda e qualquer coisa de que precisar durante o mês. Apesar de ter conseguido pagar todas as contas, ela já vai entrar em fevereiro dependendo de toda a renda para, mais uma vez, poder apenas pagar as contas.

Esse é um caso típico de pessoa que trabalha, mas não vê a cor do seu dinheiro. Além do que, se o sujeito pegar uma gripe, por exemplo, já vai ter um problemão. Se furar o pneu do carro então...

Mas, apesar de o quadro ser regular, há maneiras de reverter a situação e fazer surgir dinheiro mesmo sem ter um ingresso maior na receita. Essa é a mágica incrível que mencionei anteriormente. É uma das partes de que mais gosto, ainda mais porque nem precisa ser o Mister M para desvendar o truque!

Começando a fazer acontecer

Quem tem um metro e meio de altura, como eu, costuma gostar muito do ditado "nos menores frascos estão os melhores perfumes" (eu ficava me consolando com isso toda vez que pegava o metrô e não alcançava a barra de segurança). Pois é, em economia podemos fazer de pequenos valores grandes montantes.

Você já teve uma ideia de como fazer isso com a história do sabão e da manicure, lembra? Então, agora é hora de arregaçar as mangas e buscar, dentro do seu orçamento, itens que possam ser enxugados ou até mesmo excluídos para fazer seu rico dinheirinho aparecer.

Há alguns gastos considerados vilões do orçamento, pois costumam levar boa parte da receita sem que a gente se dê conta. Diversos estudos apontam para alguns itens que podem parecer inofensivos, mas são capazes de fazer grandes estragos na vida financeira de qualquer uma. Então, cito outro ditado: "Nos menores frascos estão os piores venenos!"

Segundo pesquisas, há pelo menos oito itens — entre gastos variáveis e arbitrários — que podem comprometer a saúde financeira até das mais controladas. Note que, segundo os especialistas, *não são os maiores gastos que costumam prejudicar o orçamento*. Por isso, é necessário avaliar tudo que você gasta para poder detectar por onde o dinheiro está escapando. É como achar uma rachadura numa caixa d'água: qualquer gotinha, multiplicada por um longo período de tempo, vai acabar esvaziando a caixa toda. Então, passe a anotar todos os gastos, principalmente os pequenos, para poder fazer um diagnóstico bem preciso.

Para ajudá-la nessa empreitada, na próxima seção está a lista dos principais vilões do orçamento. Eles vão se ver com a gente!

Pega ladrão!

Saindo à caça dos vilões do orçamento

Cheque

Ponha uma coisa na sua cabeça: você não vai morrer se sair de casa sem seu talão de cheques. Faça um teste e saia sem ele por trinta dias. Sei que você já está pensando *mas eu posso ter uma emergência!*, sim, pode, mas sejamos honestas: é isso que você pensa quando sai de casa com o talão todo na bolsa? Se você acha que ficará mais segura com ele, *leve uma única folha*. Não se deixe levar pela tentação de usá-la se o caso não for realmente emergencial. E lembre-se: comprar mais uma bolsa quando você já tem várias *não é uma emergência!* Substitua o cheque pelo cartão de débito, assim você só gastará o dinheiro que está disponível na conta, evitando o cheque pré-datado. Certamente você vai evitar gastos arbitrários desnecessários, então, vamos imaginar que você vai economizar R$ 40,00 com essa medida.

Cartão de crédito

Esse aqui vai ter uma seção só para ele mais adiante, pois tem sido o vilão de muito orçamento. Mas, veja, o cartão de crédito é uma invenção genial: você não precisa carregar dinheiro, pode direcionar todas as suas compras para uma única data de pagamento e ter controle de todos os seus gastos de uma forma simples, guardando os comprovantes. Além disso, pode até se beneficiar de programas de pontuação e fidelidade. Porém, muita gente não enxerga o cartão assim. Para a maioria das pessoas ele é um agente de crédito pessoal muito camarada, que lhe permite comprar o que quiser e pagar quando puder. O resto dessa história você já sabe... Faça um teste e coloque o seu cartão de castigo junto com o talão de cheques. Vamos imaginar que você economizará R$ 50,00 nesse item.

Telefones

1. Celular: Não é à toa que as operadoras "dão" a seus clientes centenas de minutos grátis. Isso é para fazer você *criar o hábito* de telefonar a toda hora por qualquer motivo, para qualquer pessoa (para usar os minutos antes que expirem). Criado o hábito, quando os minutos grátis acabarem, você vai continuar ligando, mas dessa vez vai pagar caro pelo falatório.

Se você não tem controle com o celular, troque para pré-pago e limite-se a carregar um valor por mês que não prejudique seu orçamento. Assim, você vai pensar duas vezes antes de fazer uma ligação e vai deixar o crédito para ser usado quando necessário. Mas cuidado: não adianta não colocar crédito e ficar ligando a cobrar para os outros! Se você prefere continuar com o pós-pago, evite ligações desnecessárias. Tente baixar pelo menos R$ 30,00 na sua conta (seja pré ou pós).

2. Fixo: Analise e responda a esta pergunta: você realmente precisa ter um telefone fixo em casa? Hoje em dia praticamente todo mundo tem celular, mas muitos continuam pagando a assinatura fixa mensal (ou a franquia mínima) por um telefone que quase não usam. Se você tem celular e não está usando o fixo, se programe, avise a família e os amigos e cancele a linha. Em média, você economizará aqui R$ 40,00.

Produtos de limpeza

Como vimos anteriormente, os produtos de limpeza podem representar até 40% do gasto do supermercado. Então, observe a sua lista e veja se você precisa mesmo de tudo o que tem comprado. Prefira os produtos que oferecem opções mais eficazes e baratas, como, por exemplo, trocar os supermegahiperlimpa-banheiros por água sanitária. No geral, sua economia poderá chegar a cerca de R$ 30,00.

Energia elétrica

"Mas e a luz, hein?" Essa frase foi o meu bordão por muito tempo (e ainda é!). Quando alguém saía de um ambiente e deixava a luz acesa à toa eu fazia essa pergunta. A pessoa acabava voltando e apagando a luz. Fiz isso com a minha mãe durante anos e ainda a pego de vez em quando deixando alguma luz acesa para o "além". Tá, eu sei que a casa é dela e que sou só visita, mas eu não aguento! Não faz o menor sentido deixar luz acessa, som e TV ligados quando você não está utilizando. Mesmo que você só vá até a portaria do prédio buscar uma encomenda, desligue tudo, pois você pode encontrar um vizinho e ficar fora por mais tempo do que o previsto. Sem falar em TV ligada a noite inteira enquanto você dorme que é uma beleza! Verifique na sua casa tudo o que pode estar consumindo energia à toa e mude os hábitos. Passe a tarefa para o restante da família e, no final de um mês, você terá diminuído a sua conta em, pelo menos, R$ 20,00.

Passeio no shopping

Eu achava que isso era um costume de nós, paulistanos, mas vejo que já se espalhou por todo o Brasil.

Obviamente você não vai passear num lugar que vende de tudo sem comprar algo. E muitas vezes compra por comprar, apenas pelo costume. Então, mude de atitude: vá a um parque, a um museu, a uma galeria, visite os amigos, caminhe pela rua, enfim, seja criativa. Se você tem o costume de ir ao shopping uma vez por semana, essa mudança de hábito vai fazer você economizar cerca de R$ 30,00 só com o estacionamento. Sem entrar no mérito das compras e do combustível. Vá passear em outro lugar!

Restaurante

Esse é um dos meus programas favoritos. Para quem é casado e não quer deixar a relação cair na rotina, jantar fora é sempre uma experiência bacana. Mas é preciso ter cuidado. Normalmente são os almoços que acabam levando boa parte do orçamento, então uma saída pode ser levar comida de casa para o trabalho alguns dias por semana ou pelo menos uma fruta para substituir a sobremesa. É mais saudável e barato. Ache uma solução criativa para você e tente baixar R$ 50,00 nesse item.

Cafezinho

Se você toma um cafezinho todo dia de manhã antes de ir para o trabalho, deve gastar, em média, R$ 2,00 por dia. Multiplique o valor pelos dias úteis do mês e você vai chegar a uma despesa de R$ 44,00. Se você toma outro cafezinho após o almoço, a despesa chegará a quase R$ 90,00 por mês, que somam mais de R$ 1.000,00 por ano! Que tal tentar mudar o hábito levando o próprio café de casa em uma charmosa garrafinha térmica? No médio prazo, você começará a economizar mais da metade desse valor por mês. Então, digamos que aqui você vai baixar R$ 10,00 no seu orçamento mensal.

Filhos

Se você os tem, sabe que boa parte do seu dinheiro é direcionada para eles. O lema "vou dar aos meus filhos tudo o que não tive" nem sempre é uma boa. Provavelmente o que você não teve de seus pais também não deve estar dando aos seus filhos. Não me refiro a nada material, mais sim à *atenção*. É isso que eles realmente precisam de você. Não pague com presentes o tempo que você não fica com eles. Organize-se e passe mais tempo jogando, conversando, criando brinquedos de sucata, enfim, compartilhando a vida deles. Minha boneca preferida durante anos foi a "Dita Cajarana" — a Ditinha —, que minha irmã fez para mim usando meia, tecido e botões. Ela era a sensação da brincadeira de casinha! Faça as contas dos seus gastos e tente baixar R$ 50,00 nesse item.

Balanço
Analisando cortes e metas

Se você caçar esses vilões e conseguir baixar o valor proposto em cada um dos itens, no final do mês terá economizado R$ 350,00. Dependendo da situação, o valor pode ser empregado para saldar uma dívida, comprar algo necessário ou até mesmo poupar.

E é aqui que podemos ver a mágica acontecer: esse dinheiro apareceu apenas com a diminuição de alguns excessos, sem nem sequer exigir grandes sacrifícios ou cortes radicais. Se a disciplina continuar e você conseguir guardar nem que seja metade desse dinheiro todo mês, ao final de um ano terá uma poupança de mais de R$ 2.000,00.

Este é o objetivo de termos um orçamento: poder controlar e direcionar nosso dinheiro para onde quisermos, e não ficarmos feito loucos correndo atrás dele. Para encerrar este capítulo, vamos conhecer outros bandidinhos que estão de olho no seu dinheiro e fazê-los ver o Sol nascer quadrado!

Pente fino
Fique de olho

Há outros "penetras" querendo entrar na sua festa e roubar uma fatia do seu bolo, então, é melhor ficar esperta para não acabar só com a velinha na mão!

Contas atrasadas: organize-se

Lembro-me de que, desde muito criança, ouvia o Silvio Santos falando: "Pague ri-go-ro-sa-men-te em dia!" Quem pagava em dia podia rodar o pião e ganhar até uma casa. Genial! Depois entendi que ganhar a tal casa não era tão simples assim, mas o conceito do "seu" Silvio é muito válido. Pagar as contas em dia vai livrá-la de juros e multas. Acerte suas datas: se você tem alguma conta que não está vencendo num bom dia, guarde o valor no mês anterior e fique à frente do débito, nunca atrás.

Prestações: não caia na tentação

As facilidades que um pagamento parcelado oferece são praticamente irresistíveis, parecem até a fórmula do crime perfeito.

Quando as lojas dizem que estão parcelando sem juros, na verdade estão querendo dizer que... é... bem... Ora, não sei o que elas querem dizer, uma vez que *não estão parcelando sem juros*! Tem sempre um banco ou uma financeira concedendo a linha de crédito para a loja, e quem está pagando por isso é você. Então, o melhor é negociar ao máximo (até cansar o vendedor, o gerente, o dono da loja e todo mundo que se meter no seu caminho) e tentar obter um desconto à vista.

Mas, se você optar pelo parcelamento, além de se certificar de que a prestação cabe no seu bolso, faça as contas do valor total do bem para não pagar dois e levar um. Não vá dar uma de Gorete, hein!

Análise de parcelamento: seja firme

Pense sempre no seu orçamento como um todo e nunca leve em conta apenas o que está comprando no momento. Antes de comprar, tenha o hábito de verificar a planilha orçamentária e considere todos os compromissos que você já tem.

Se você está apertada, espere terminar o pagamento da(s) mensalidade(s) anterior(es), por mais que o produto que você queira esteja com um preço ótimo. Não vai adiantar fazer a compra e depois não conseguir pagar, gerando acréscimos de juros e multas, pois isso vai mandar para o espaço as vantagens que você teria.

Parte 2

Como alcançar seus objetivos

Capítulo 4

O espiritual do material

O segredo do cofre é 10-20-70

Pois é, o negócio é abrir logo o jogo mesmo, afinal de contas, segredos foram feitos para se contar. Quer dizer... Acho que não é bem isso, mas... nesse caso, tudo bem!

Sabe quando você descobre uma coisa que revoluciona a sua vida e quer sair gritando para todo mundo a novidade? É muito bacana poder compartilhar coisas boas e ajudar outras pessoas a mudar sua vida também.

Mas sabe de uma coisa? Nem todo mundo está disposto a nos ouvir quando a proposta é um desafio. Ainda mais quando esse desafio é sugerido por alguém que não se pode ver. Alguém que vive em outro mundo! Complicou? Calma, você já viu que eu não guardo segredos (não os desse tipo), por isso, vou explicar tim-tim por tim-tim, não se preocupe.

Apesar de vivermos num plano material, creio que você acredita que não somos formados só de corpo, mas também de alma e espírito. Então, talvez você possa concordar comigo que existem outros planos. A alma é a nossa guardiã de sentimentos e emoções, e tudo o que acontece com ela acaba se refletindo no nosso corpo. A menina ouve a voz daquele com quem sonha se casar, sua alma se agita e logo borboletas voam por seu estômago afora. Que romântico! Ou o pai ouve uma notícia terrível sobre seu filho e fica tão amargurado que nem levanta da cama. Que triste...

A alma é assim, ela se deixa levar pelo que acontece, e é o corpo que acaba padecendo.

Mas e o espírito? O que ele é afinal? Bem, o espírito está relacionado à razão, à lógica, ao raciocínio. É ele que tira o seu corpo da cama logo cedo para trabalhar, mesmo você estando morta de cansada. Pela alma, seu corpo ficaria debaixo das cobertas numa boa. A alma considera os sentimentos, mas o espírito considera a razão. Um dos dois moverá o seu corpo, e já deu para notar que eles são forças divergentes. A voz a que mais damos ouvidos é a que acaba vencendo, e é isso que faz a diferença entre as pessoas. *Agir dando ouvidos à alma é moleza, só os fortes ouvem o espírito.* E só os fortes e valentes aceitam os desafios dele.

Mas como conectar esses mundos? Como trazer coisas espirituais para o mundo material? Seria isso possível? Sim, é perfeitamente possível, desde que se use uma chave chamada fé. Veja que eu não disse *desde que se tenha*, mas, sim, *desde que se use* a fé. Isso porque todo mundo tem fé, independentemente de qualquer coisa, mas nem todo mundo a usa.

Ao nascer você pode ter recebido mais cabelo, menos altura, mais melanina, menos voz, coisas que formaram quem você é, mas que não definem quem você pode ser. Agora uma coisa é certa: você recebeu exatamente a dose necessária de fé para se tornar quem quiser.

Não estamos falando de religião, estamos falando de fé. Seja lá no que for, você crê em alguma coisa. Eu creio na Bíblia e no desafio que descobri ao ler esta passagem em Malaquias 3:6-12 (RV):

> Porque eu, o Senhor, não mudo; por isso, filhos de Jacó, não sois consumidos.

> Desde os dias de vossos pais vos afastastes de meus estatutos e não os guardastes. Voltai-vos para mim e eu me voltarei para vós, diz o Senhor dos Exércitos. Mas vós dizeis: Em que voltaremos?
> Roubará o homem a Deus? Pois vós me roubais. E dizeis: Em que te roubamos? Em vossos dízimos e ofertas.
> Malditos sois com maldição, porque vós, a nação toda, estais me roubando.
> Trazei todos os dízimos à Casa do Tesouro para que haja alimento em minha casa; e provai-me, agora, nisso, diz o Senhor dos Exércitos, se não vos abrirei as janelas dos céus e derramarei sobre vós bênção até que transborde.
> Repreenderei, também, por vossa causa, o devorador, e não vos destruirá o fruto da terra, nem vossa vide no campo será estéril, diz o Senhor dos Exércitos.
> E todas as nações vos chamarão felizes; porque sereis uma terra deleitosa, diz o Senhor dos Exércitos.

Aqui vemos o próprio Deus explicando ao seu povo o motivo pelo qual ele está vivendo na pobreza. Ele usa palavras fortes, como *roubo* e *maldição* para quem se afastou de seus estatutos. Obviamente esse afastamento não poderia trazer nada de bom, só que as pessoas não haviam se dado conta disso. Mas Deus, apesar de tudo, dá uma chance ao seu povo, chamando-o para prová-lo. O desafio: levar dízimos e ofertas à sua casa. A retribuição: bênçãos sem medidas.

Pessoalmente, aceitei esse desafio e tenho cumprido fielmente a minha parte há vários anos e posso dizer que Deus tem cumprido a parte dele. Dízimo é a décima parte da nossa renda, os primeiros 10% de toda a renda. E oferta é um valor que voluntariamente se apresenta a Deus. Se você quer cumprir o desafio, busque orientação espiritual e vá em frente!

Para quem ainda não conseguiu entender o conceito dos dízimos, eis aqui o conto da batata frita.

O conto da batata frita

Depois de uma semana cheia, um pai leva seu filho à lanchonete para uma merecida refeição. Tentando manter a linha, o pai fica na salada com grelhado, mas o menino pede logo o *combo-monster-power* de hambúrguer com batata frita.

Ao sentir aquele cheirinho delicioso e irresistível das fritas, o pai estende a mão e pega uma do prato do filho.

O menino fica indignado e dá um tapa na mão do pai, que derruba a batata de volta.

— Pô, pai, a batata é minha!

— Mas, filho, o papai lhe deu o prato inteiro. Você não pode nem sequer me devolver uma?

É mais ou menos por aí!

Voltando ao segredo do cofre, a combinação 10-20-70 nada mais é que o seguinte:

- Devolva 10% (dízimo).
- Poupe 20%.
- Viva com os 70% restantes.

Significado do seu nome

Tem gente que não dá muita importância, mas saiba que, muito além de misticismos e crendices, o seu nome tem um significado extremamente importante e diz muito sobre quem você é. Você pode estar se perguntando: por que abordar esse assunto se o tema aqui é economia? Pois prepare-se para descobrir que economia tem tudo a ver com o seu nome. Não estou dizendo que uma pessoa será romântica e meiga porque foi batizada com o nome de Rosa. Ou que toda Maria é uma pessoa que "mistura a dor e a alegria" como Milton Nascimento canta na bela "Maria Maria", composta por ele e Fernando Brant. O que estou dizendo é que nosso nome carrega um peso espiritual imenso.

O próprio Deus cita em diversas partes da Bíblia que "nos chama pelo nosso nome" (cf. Isaías 43 e 45:1-5). Só por aí já vemos que o nosso nome é importante para Deus, pois é a forma que ele usa para se dirigir a nós.

Indo mais além, você acha que Deus mudaria o nome de Abrão (Gênesis 17) — o pai das três maiores religiões monoteístas do mundo — à toa? E quanto à mudança no nome de Jacó (Gênesis 32:22), pai de todas as tribos de Israel? Teriam essas mudanças sido apenas caprichos do Eterno? Claro que não... Deus não faz nada por acaso.

Salomão, o homem mais sábio de todos os tempos, citou num de seus Provérbios (22:1) que "mais vale o bom nome do que as muitas riquezas; e o ser estimado é melhor do que a prata e o ouro". As palavras de Salomão, ditas vários séculos atrás, se confirmam nos dias de hoje, pois você sabe que é possível comprar praticamente qualquer coisa, mesmo sem dinheiro. Ainda que sejam os bens mais caros, como imóveis, se você tiver "um bom nome", poderá comprá-los por meio do crédito que seu nome lhe proporciona. Já se você estiver com restrições, ou seja, com o "nome sujo", isso não é possível. Viu como seu nome vale mais do que dinheiro?

Se nosso nome é tão importante assim para Deus e vale mais do que bens materiais, precisamos investir algum tempo para refletir sobre o assunto. Aqui vai a minha reflexão:

> Não devo agir de forma a colocar em
> risco o meu bom nome.

Na prática, isso significa que:

- Não devo comprar nada a crédito se não estou segura de que posso pagar (Provérbios 22:27).
- Não devo "emprestar" meu nome para que terceiros obtenham crédito para si (Provérbios 22:26).
- Jamais serei fiadora de quem quer que seja (Provérbios 6:1-5).

Esse último item pode parecer muito simples, mas tem sido a causa da ruína financeira de muita gente. Por isso, o tema merece uma seção inteira.

Fiador? Nem a pau, Juvenal

Muitas pessoas estão enfrentando problemas financeiros por terem emprestado seu nome a alguém que usou seu crédito, mas não honrou o compromisso, deixando, além da dívida, muita dor de cabeça. Se isso aconteceu com você, leia atentamente esta seção. Se não aconteceu, leia duas vezes para que nunca aconteça.

As histórias podem começar de maneiras diferentes: "Emprestei meu cartão de crédito porque fiquei sem jeito de dizer não." "Comprei em seis vezes no meu cheque porque a Fulana é minha amiga." "Fui fiadora de Fulano para que ele alugasse um apartamento, não ia deixá-lo na rua!"

Pois é... Mas o final dessas histórias é quase sempre igual: "Não devia ter confiado na Fulana, nunca mais olho na cara dela..." O saldo dessa operação é o pior possível para quem confiou demais: sem nome, sem crédito, sem a amizade e com uma dívida que nem é sua!

Mas como dizer não? Como se livrar dessa saia justa? Há algum manual de instruções para não cair nessa? Sim, há um manual! E creio que você o tem aí em alguma estante da sua casa: a Bíblia. Sim, querida leitora, vamos usar a Bíblia novamente. Vários milênios atrás, ela já advertia nossos ancestrais de que ser fiador de alguém é uma furada. Vejamos:

> Filho meu, se fores fiador de teu amigo, se empenhaste tua palavra a um estranho, se te enredaste com as palavras de tua boca, e ficaste preso nas palavras de teus lábios,

faze isto agora, filho meu, e livra-te, já que caíste nas mãos de teu próximo; vai, humilha-te, importuna teu amigo. Não dês sono a teus olhos, nem repouso às tuas pálpebras. Escapa-te como a gazela da mão do caçador, e como a ave da mão do que arma laços (Provérbios 6:1-5 rv).

E tem mais:

> Não sejas daqueles que fazem tratos rapidamente, nem dos que saem por fiadores de dívidas. Se não tens para pagar, por que arriscas tua cama de debaixo de ti? (Provérbios 22:26-27 rv)

Veja que Deus nos ensina a *não sermos fiadores*. É melhor você emprestar dinheiro — mesmo correndo o risco de nunca ser reembolsada — do que emprestar o seu nome, o que você tem de mais precioso (leia também Provérbios 22:1).

Quando uma amiga me pediu cheques emprestados para uma compra a prazo, perguntei por que ela não tinha o próprio talão de cheques. A resposta? Porque ela estava com o nome sujo *havia alguns anos*, e o banco tinha cortado seu crédito.

Ora, se ela não dá valor ao próprio nome, o que você acha que ela faria com o meu? Em vez de estar preocupada em saldar a dívida com o banco e recuperar o próprio crédito, ela queria usar o meu nome para continuar fazendo dívidas! Que raciocínio é esse? Eu, hein!

Não tive o menor problema em dizer o seguinte: "Você não é uma pessoa controlada com as contas, e eu dependo do meu crédito para uma série de coisas. Infelizmente não posso ajudar nisso." Essa foi a resposta clara, direta e honesta que me livrou de um problemão. E sabe da melhor? Ela espalhou para todo mundo que eu não empresto cheque, cartão, nada. Foi o melhor favor que me fizeram na vida, pois ninguém nunca mais me pediu coisa alguma!

Se você acha muito difícil dizer não, saiba que é apenas uma questão de ponto de vista. Não é você que está errada em negar esse tipo de favor, quem está totalmente equivocada é a pessoa que acha que você tem a obrigação de ajudá-la a se afundar mais, arriscando-se a afundar junto com ela.

Ninguém deveria achar que pedir algo dessa grandeza é como pedir uma xícara de açúcar. Cada um deve ser responsável por si mesmo e não transferir a sua responsabilidade (ou irresponsabilidade) para terceiros. Se você entrar nessa arapuca, vai estar — segundo a Bíblia — arriscando-se a não ter nem onde dormir. Sei que não é fácil dizer não, mas é necessário. Na próxima seção vou dar outro exemplo que aconteceu comigo e que foi um dos mais difíceis por que já passei no que se refere a dizer não a alguém.

E O OSCAR VAI PARA...

Fui proprietária de uma loja de atacado e muitas de minhas clientes eram "sacoleiras", ou seja, mulheres que não tinham comércio, mas compravam em quantidades razoáveis para vender de porta em porta.

O principal requisito para a obtenção de crédito na loja — uma vez que elas compravam a prazo — não era que elas vendessem muito, mas, sim, que pagassem em dia. Algumas acabaram ficando mais conhecidas e, às vezes, até pediam para estender o prazo para mais alguns dias devido ao fluxo de caixa. Era comum abrirmos várias exceções, pois nosso intuito era que o negócio delas prosperasse, o que faria prosperar também o nosso. Essa parceria era bastante interessante, e eu gostava muito de atendê-las. Todas as sacoleiras, inclusive as que compravam todos os meses, passavam pelo procedimento normal para aprovação da venda: comprar dentro do limite permitido (cada uma tinha um limite de crédito) e checar as informações cadastrais (se estavam com alguma restrição no nome).

Um belo dia, uma das sacoleiras que mais vendia (e que havia desaparecido durante meses, deixando uma pequena dívida conosco) apareceu na nossa porta. Contou que esteve muito doente, mas que estava recuperada e iria retomar as vendas, só que para isso, precisava da nossa "colaboração".

A questão era que, segundo ela, os gastos com o tratamento médico foram maiores do que a família pôde pagar e tanto seu nome quanto o do marido estavam sujos. Nesse período, ficaram sem talões de cheque e sem cartões. Para piorar, ela acrescentou que o marido faltou muito ao trabalho para cuidar dela e acabou sendo demitido. Que situação!

Ela dependia de concedermos crédito, mesmo sabendo que tinha restrições e sem nenhuma garantia. Se não liberássemos a mercadoria, ela e o marido, e por tabela os filhos, ficariam sem ter como se recuperar financeiramente.

Do ponto de vista dela, eu tinha obrigação de ajudá--la, pois ela havia me trazido lucro no passado. Do meu ponto de vista, eu havia proporcionado uma oportunidade a ela de fazer uma renda com minha mercadoria. Era uma parceria: ela ganhava, eu ganhava, mas ela achava que o benefício que ela me trazia era bem maior. Eu precisava garantir o recebimento das mercadorias, pois tinha compromissos com os fabricantes de quem comprava. Além disso, a sacoleira não estava considerando pagar a dívida antiga, isso era "coisa do passado".

A situação não estava nada fácil para mim, eu tinha que tomar uma decisão. Enquanto eu pensava, a sacoleira já foi escolhendo toda a mercadoria que queria, certa de que eu não lhe negaria crédito. Mas não deixei as emoções falarem mais alto e comecei uma análise racional dos fatos. Notei que ela estava vestindo uma roupa que havia acabado de ser lançada e cujo preço estava nas nuvens. O sapato também era novo e a bolsa me pareceu do tipo bem cara. Aí tem coisa...

O golpe da atriz

Sou do tipo que joga aberto, então não deixei a coisa se estender por mais tempo e chamei a sacoleira para conversar. Perguntei reservadamente como e quando ela pretendia pagar pela mercadoria, uma vez que não tinha cheque nem cartão. Ela ficou muito brava e começou a falar alto, dizendo que eu estava desconfiando dela. Em seguida, abriu a bolsa e mostrou um talão todo assinado em branco, que disse pertencer a uma amiga que, ao contrário de mim, confiava muito nela.

Peguei os dados da tal amiga e chequei no sistema de consulta. Estava tudo bem. Mas, honestamente?, eu não podia aceitar aquele cheque sem que a própria pessoa — dona do talão — me certificasse de que estava de acordo. Pedi o telefone da tal amiga e foi uma tragédia! A sacoleira começou a gritar na loja, fez um escândalo, dizendo que eu era mal-agradecida, que tinha esquecido todo o lucro que ela tinha me dado etc. etc.

Fiquei vermelha feito um pimentão, mas disse que, se ela não me desse o telefone da amiga, não sairia com nenhuma peça da loja. Ela até "passou mal", mas acabou se "recuperando" quando viu que, apesar de muito constrangida, não entrei na onda dela. Por fim, me deu o contato da amiga.

Lembro-me de que minhas mãos tremiam muito, e não foi fácil fazer a ligação. Enquanto eu telefonava, minhas vendedoras davam assistência à cliente que "voltou a passar mal" e me olhavam com certo ar de reprovação, pois, na opinião delas, talvez eu estivesse pegando pesado demais. No fundo, eu me sentia muito mal, seria muito mais fácil deixá-la levar a mercadoria, mas não seria o correto. Esta foi a conversa:

— Alô! Por favor, a Manuela?[1]

— É ela, quem é?

— É a Patricia, da loja X. Estou aqui com a Fulana, que está com um talão de cheques seu, todo assinado em branco, dizendo que você permitiu que ela fizesse compras aqui conosco no seu nome. Você está de acordo?

— Oi? Loja? Loja de quê?

— De lingerie.

---

[1] Nome fictício.

— Lingerie? Como é seu nome mesmo? Espera, você disse "talão todo assinado"?

— Sim, é um talão todo assinado e...

— Cadê ela? Deixa eu falar com ela!

— Olha, ela tá passando um pouco mal e...

— Eu não tô entendendo nada... Quem é você?

— Sou a dona da loja, mas não quero vender sem seu consentimento.

— Ela veio aqui ontem pedindo cheque para comprar remédio e agora está comprando calcinha e sutiã? E eu assinei só uma folha! Quem assinou o resto?

— Bem, não tenho ideia, mas...

— Não quero saber! Eu emprestei para remédio! Uma folha, uma só! Se você usar meus cheques, vai ter!

— Tudo bem, Manuela. Não se preocupe, não vou receber seus cheques.

— E onde é que você arranjou meu telefone, hein? Você tá de combinação com ela? Eu não tô gostando disso...

Bom, o resto é história... Mas o fato é que há pessoas que fazem qualquer coisa para conseguir o que querem. Pessoas que são irresponsáveis com o próprio nome não são dignas de confiança. Desculpe se esse é o seu caso e se a frase lhe ofende, mas você precisa ser realista: se você está com o nome sujo *por irresponsabilidade*, você não é digna de confiança mesmo.

Sei que, na maioria dos casos, as restrições vêm por má administração, por excesso de confiança, por perda de emprego e até por ingenuidade. Aí é questão de aprender com o erro e não entrar mais nessa roubada. Eu não caí no golpe da atriz, mas caí em outros golpes durante o período em que fui proprietária dessa loja, fechando as portas com um baita prejuízo. Fiquei com o nome sujo durante um ano inteiro, foi uma época terrível para mim.

Mas, como em tudo na vida, usei (e ainda uso) essa má experiência para crescer e evitar erros piores. Na parte 3 deste livro vou contar como saí dessa e quanto me custou recuperar o que perdi tão rápido.

Então lembre-se: *fuja desse tipo de armadilha*. Seja honesta com a pessoa, mas seja mais honesta com você mesma. Não tenha medo de perder a amizade, afinal, que tipo de amizade é essa que não respeita a sua opinião?

Maria-Caloteira-dos-Anzóis-Pereira: suas finanças *versus* seu caráter

Quantas vezes você já ouviu algo como: "Sabe a Maria? Como você não se lembra da Maria? Aqueeeeela... A que deu um cano na venda do seu Avelino, que não pagou a escola do filho e não para em emprego nenhum! A Maria-Caloteira! Ah, lembrou, né?"

Pois é, sua vida financeira diz muito sobre quem você é. Guarde mais esta frase: *A maneira como você lida com suas finanças vai determinar parte do seu caráter.*

Não ter dinheiro é uma coisa, mas ser irresponsável com o dinheiro é outra. Ninguém pode dizer que uma pessoa pobre é mau caráter simplesmente porque é pobre. Isso não existe. Mas o que dizer de alguém que gasta o que não tem, fica devendo, causa prejuízo aos demais e não se importa com isso? Passar por situações difíceis faz parte da vida de qualquer um, mas ter o hábito de viver na pindaíba mostra que a pessoa é do tipo "tô nem aí". E pior: se não "tá nem aí" consigo mesma, imagine com os outros?

A vida financeira é algo muito sério. Não se trata apenas de subsistência ou status, mas sim de caráter. Você pode convencer as pessoas de que está numa situação difícil por culpa do governo, do seu patrão, da crise ou do que quer que seja. Mas, se você viver assim, se estiver sempre enrolada, acha mesmo que as pessoas vão continuar acreditando? Elas podem até não dizer na sua cara o que pensam sobre você, mas é certo que não vão considerá-la uma pessoa de bem. E é nesse ponto que quero chegar.

Até aqui falamos sobre a importância de termos objetivos e como começar a alcançá-los para poder mudar de vida, crescer, ser amanhã mais do que somos hoje. Mas não podemos ir adiante sem antes incluir o objetivo mais importante de todos: ser uma pessoa de bem.

Em meus momentos filosóficos particulares, já pensei em mil coisas, inclusive que tudo parece meio inútil... Para que trabalhar tanto? Para que comprar isso ou aquilo? Para que tanto esforço? Afinal, tudo passa, tudo muda, tudo acaba perdendo a graça. O que era ontem já não é mais hoje, ao mesmo tempo que tudo é tão igual. Manhã, tarde, noite, manhã, tarde, noite... Esses são pensamentos que, vira e mexe, passam pela cabeça de todas nós e, às vezes, chegam até a nos desanimar. Mas, depois de entender que o que realmente tem valor é o que somos, não o que temos, vi que vale a pena investir em ser uma pessoa de bem. É isso que diferencia as pessoas, e não o que elas possuem.

Como já vimos, você nunca vai conseguir agradar todo mundo, ainda mais quando começar a se destacar. Mas uma coisa é as pessoas não gostarem de você, outra é terem motivos para falar de você. Sei que há pessoas que não gostam de mim por diversos motivos, mas uma coisa é certa: nenhuma delas pode colocar meu caráter em jogo. Podem dizer que não concordam com minhas opiniões, que o que escrevo não tem sentido para elas, mas não podem dizer que as prejudiquei ou que devo alguma coisa a elas. Há várias pessoas que contrato para prestação de serviços sem ter que assinar um documento sequer, pois elas confiam que irão receber no dia que combinamos. Quer saber? Isso não tem preço!

Sempre que você pensar em desanimar, que as coisas estão demorando muito para acontecer e que outras pessoas têm o que você quer sem ter que fazer o sacrifício que você faz, lembre-se de que elas podem ter o que muitos têm, mas *você pode ser o que poucos são*, e isso vale todo e qualquer sacrifício.

Ser responsável com seu dinheiro faz parte da construção de um caráter firme, então, não deixe o anzol da Maria-Caloteira fisgar você!

Coisas de Patricia
O EMBRULHÃO DO FOGÃO:
HONESTIDADE É O MÍNIMO

Certo dia comprei um fogão. Ele era lindo e combinou perfeitamente com minha cozinha, só que veio com um defeito no *timer*. Então lá fui eu chamar a assistência técnica. Dias depois me aparecem dois técnicos com uma maleta minúscula de ferramentas e um baita bloco de papel nas mãos.

Ao chegar, um deles olhou de longe o fogão e disse:

— Mas a sua tampa de vidro não está quebrada, dona!

Respondi:

— Claro que não, o que não funciona é o *timer*.

Ele coçou a cabeça e disse:

— Dona, então a senhora assina aqui a minha visita, porque eu não vim arrumar *timer* nenhum. Eu vim trocar o vidro, mas, como não tá quebrado, eu já vou indo, porque tenho muita visita hoje.

Aqui é que entra o X da questão. Eu não ia pagar pela visita, pois o fogão estava na garantia, mas achei tudo muito estranho e fui ler o tal papel antes de assinar, algo que qualquer pessoa deve fazer antes de assinar qualquer coisa. Não importa se vai demorar, é o seu nome, cuide dele!

Ao ler, vi que a ordem de serviço já estava toda preenchida antes mesmo de eles entrarem na minha casa. Além de constar que "a cliente declara que foi realizado o serviço de troca da tampa de vidro", estava escrito que deixei as chaves com a vizinha. Tudo errado! Claro que, enquanto eu lia, um deles dizia "assina dona, a gente tá com pressa".

Pesquei na hora que eles estavam querendo receber por um trabalho que não fizeram e, logicamente, eu teria que ligar de novo para a assistência e pedir outra visita. Então eles voltariam e ganhariam duas vezes. Além disso, todas as visitas que ainda estavam para ser feitas (sim, eu li o bloco todo!) também já estavam preenchidas, dizendo que as chaves estavam na vizinha e que os reparos haviam sido feitos. Ou seja, se eles chegam e o cliente não está, pegam a assinatura de qualquer pessoa (vizinho, porteiro etc.) e recebem pelo trabalho que não fizeram. Que raiva!

Muita gente não se importa com isso, mas você precisa estar ciente de que, ao colaborar com esse tipo de coisa, estará sendo conivente com a corrupção que está sendo praticada. Sim, isso é corrupção, pois é a utilização de um meio ilegal em benefício próprio. Pode conferir no dicionário. Corrupção não é só quando político rouba dinheiro público.

A situação me deixou com muita raiva, e eu risquei toda aquela baboseira e escrevi à mão o que houve, inclusive que o serviço não foi feito (essa parte em letras garrafais). Eles estavam doidos da vida, e eu também, mas como eu *tenho sempre que me divertir*, falei para o embrulhão do fogão:

— Moço, o senhor veio aqui pra que mesmo? Trocar o vidro?

Ele respondeu sem paciência:

— É, dona, trocar o vidro.

Aí eu não aguentei:

— Então, cadê o vidro? Tá aí nessa maletinha? É um pozinho que o senhor prepara na hora?

Nem preciso dizer que eles saíram malucos comigo, mas não admito esse tipo de coisa. Sabe por quê? Porque tudo o que eles roubam das fábricas às quais deveriam prestar serviço será cobrado do consumidor, aumentando o preço das peças, das visitas, da mão de obra etc. De uma forma ou de outra, esse dinheiro vai sair do seu bolso. Se todo mundo fizesse isso, você acha que eles continuariam agindo assim?

Pega na mentira
O SEGREDO

Aprendi o principal segredo para o sucesso profissional por meio de um exemplo bem simples de algo que aconteceu com minha irmã. Por muito tempo, ela nem soube que levo esse segredo comigo até hoje, mas assim são os exemplos: ao contrário das palavras, eles permanecem.

Minha irmã trabalhou numa seguradora junto com outras três secretárias, todas na mesma sala. Por ser a mais nova das quatro, todo serviço considerado mais chato e trabalhoso sobrava para ela. Mas ela estava lá para trabalhar e fazia tudo o que lhe mandavam sempre com mais competência que as demais. Como é comum acontecer, as outras passaram a invejá-la e, em seguida, a odiá-la. E as conversinhas de corredor giravam em torno de "por que ela faz as coisas tão rápido?", "por que ela nunca chega atrasada?", "e por que ela nunca reclama de nada?", "ela se acha melhor que todo mundo?", "não passa de uma puxa-saco, isso sim!".

Certo dia, o chefe das quatro chamou minha irmã e disse: "Sandra, ligue para o cliente X e diga isso, isso e isso." Mas tudo o que o chefe queria que a Sandra dissesse ao cliente era mentira. Então, ela lhe disse que não podia mentir para um cliente simplesmente porque não mentia para ninguém. Claro que ela foi ridicularizada pelo chefe e pelas "colegas". Ele, inclusive, chegou a ameaçá-la de demissão, mas minha irmã não cedeu e disse que não mentiria, mesmo sob pena de perder o emprego.

As outras secretárias acharam um absurdo, uma falta de respeito para com o chefe. Uma delas tomou a frente e ligou, mentindo para o cliente. As funcionárias "exemplares" foram parabenizadas pelo chefe, e minha irmã virou alvo das chacotas por muito tempo. Até que um dia...

Saiu uma briga feia entre as três secretárias "exemplares", pois duas delas acusavam a terceira de roubo, e o chefe foi chamado para resolver a questão. Ele não estava convencido apesar de serem duas contra uma e, para resolver de uma vez, chamou minha irmã:

— Sandra, você sabe quem foi?

— Sim, eu sei...

— Quem foi?

— Foi ela mesmo. As duas estão falando a verdade.

As outras duas ficaram muito contrariadas por o chefe não ter acreditado nelas e foram tirar satisfações:

— Por que o senhor não acreditou na gente e foi chamar a Sandra? Nós trabalhamos aqui há mais tempo, e ela, que chegou agora, virou juíza? Por quê?

— Simples — respondeu o chefe —: vocês mentem, ela, não!

Ser honesta pode parecer a maior burrice do mundo em certas ocasiões, mas acredite: *ser honesta* é sempre a melhor decisão. De uma forma ou de outra você vai descobrir isso. Depende de você de que lado vai estar.

Capítulo 5

Milagre não cai do céu

O "santo padroeiro" e o Capitão América

Esta parte do livro foi reservada para dar dicas de como alcançar seus objetivos, e uma das formas para isso é não esperar que as coisas caiam do céu. Você já sabe que todas temos talentos e que, depois de identificá-los, devemos aperfeiçoá-los, pois é por meio deles que poderemos obter o que desejamos. Mas você também já sabe que a fé é um instrumento importante para ajudá-la nessa caminhada.

Por isso, você deve apostar as suas fichas na fé em Deus e, em segundo lugar, no seu "santo padroeiro", cuja imagem você pode ver sempre que se olha no espelho. É isso mesmo. Abaixo de Deus, sua fé tem que estar focada em si mesma antes de qualquer pessoa. Se você não acreditar em si mesma, quem acreditará? Agora você entende porque é tão importante cumprir o que promete a si mesma? Afinal, se você projeta coisas, mas sempre acaba desistindo, nem você vai crer em si mesma.

Mas não confunda autoconfiança com presunção. Segundo o *Dicionário Houaiss da Língua Portuguesa*, "presunção" é uma "opinião demasiado boa e lisonjeira sobre si mesmo". Em outras palavras, é o cara que "se acha", e, geralmente, o presunçoso acaba fazendo um papel ridículo. É como se um sujeito saísse na rua vestindo uma legging azul-celeste e botas vermelhas, dizendo que é o Capitão América!

Temos que ser equilibradas em tudo, até com nossa opinião sobre nós mesmas. Você deve crer em si, deve acreditar que é capaz e deve sempre desafiar a si mesma a fazer coisas novas (e até mesmo a fazer coisas velhas de novas maneiras). Mas daí a se achar a última bolacha do pacote já é perder a mão da coisa.

Estas dicas aqui são bem simples:

- Não espere nada cair do céu, faça a sua parte.
- Abaixo de Deus, creia em si mesma e seja seu "santo padroeiro". Você não precisa de intermediários para falar com Deus.
- Desafie-se a coisas novas e a tentar métodos novos.
- Deixe o Capitão América para as histórias em quadrinhos.

Nos próximos capítulos vamos ver algumas ideias do que fazer para aumentar a sua receita e, quem sabe, por meio dessas sugestões de atividades, você não encontra talentos que nem sabia que tinha?

Desapega

Um estudo da Yankelovich Research, empresa americana de pesquisa que, desde 1958, analisa o comportamento dos consumidores, estima que uma pessoa vê entre três mil e vinte mil informações ligadas ao consumo diariamente. Desde ofertas e promoções gritantes até as propagandas mais sutis, como a marca bordada na camisa do seu amigo e a etiqueta do seu jeans. Também estão incluídos os e-mails de marketing que lotam nossas caixas de entrada. Haja paciência!

É a sua bolsa que sofre esse ataque todos os dias, por isso, mais do que nunca, é preciso blindá-la! Se ela estiver vulnerável, você vai cair na bobagem de comprar coisas das quais nem precisa. Mas o fato é que, muitas vezes, nos deixamos atacar e acabamos lotando nossas casas de coisas que nunca usamos ou usaremos. O que isso significa? Que tem dinheiro parado aí! Que tal arregaçar as mangas e sair em busca da recuperação de parte desse dinheiro?

Institua a "Semana do desapega". Reserve um dia (ou quantos forem necessários) e faça uma limpeza geral. Eu amo limpezas gerais e tenho algumas dicas práticas. Vamos a elas? Comece sua limpeza com a cabeça aberta: *seja racional*. Se não for usar, se não tem utilidade, livre-se! Mesmo aquelas coisinhas pelas quais você tem um apego sentimental, se não lhe trazem algo prático e útil, para que guardar? Se dá para vender, ótimo, faça dinheiro com elas. De-sa-pe-ga!

GUARDA-ROUPA

Minha dica para agilizar o processo é classificar cada peça em uma dessas cinco categorias:

- Vender
- Consertar
- Manter
- Doar
- Jogar fora

Vender

Já encontrei peças no meu guarda-roupa que ainda estavam com etiqueta e outras que estavam seminovas, mas que eu não usava havia meses. Juntei tudo e levei para uma amiga que vende roupas usadas pela internet. Combinamos um valor e dividimos o lucro. Ela ganhou, eu ganhei e quem comprou também, já que o preço foi de brechó.

A internet pode ser um meio muito bacana para se livrar de coisas que você não quer mais. Nos Estados Unidos as vendas de garagem são comuns. Para quem compra é uma forma de encontrar coisas legais e baratas, e para quem vende é uma maneira de levantar um dinheirinho.

Consertar

Em vez de sair comprando roupas a torto e a direito, pode ser uma opção muito boa separar aquilo que você não usa e avaliar o motivo. Mulheres normalmente variam muito de peso (sem falar no incha-desincha!) e acabam tendo roupas de vários tamanhos por causa disso. Se você não está usando peças legais e de que você gosta só porque não estão servindo, peça um orçamento a uma costureira de sua confiança. Se é a cor, veja se dá para tingir. Se ficou sem graça, customize. Há muitos sites e blogs na internet com dicas simples e bacanas de customização. Pesquise, e mãos à obra!

Manter

Procure ser bastante equilibrada na hora de separar as peças que irá manter. Evite ficar com roupas que você sabe que não vai usar, mas também não saia dando tudo o que vê pela frente. Se você reservar tempo para essa tarefa, vai poder tirar muito mais proveito dela, pois o interessante seria você vestir tudo e ir montando looks. Além de muito divertido, você vai descobrir formas diferentes de combinar seu acervo.

Outro dia, separei a foto de um look que achei lindo na internet e me dei conta de que tinha todas as peças, mas nunca as havia usado juntas. Experimente, vai parecer que você acaba de comprar roupas novas!

Doar

Se você não conseguiu vender e não quer manter alguma coisa, doe. Mas tenha em mente que até mesmo para fazer doações temos que ser coerentes. Fui uma criança que cresceu usando roupas doadas e sei bem o que é isso. As pessoas traziam para nós o que, na verdade, deveriam ter jogado no lixo. Quando viam que eu não estava usando aquela blusa toda rasgada ou a calça furada e manchada de água sanitária, nos chamavam de mal-agradecidos. Graças a Deus tive uma prima mais velha (aquela da noite bizarra do suco!), e minha tia sempre arrumava as roupas dela que não serviam mais e as dava para mim. Pareciam novinhas e vinham sempre limpas e perfumadas. Por ter tido esse passado, até hoje tomo muito cuidado com as minhas roupas, pois quero que estejam em ordem quando eu for doá-las para alguém. Sempre lavo, passo, coloco em uma caixa e entrego como se fossem presentes. Cá entre nós: eu acabo ficando mais feliz do que a pessoa que ganha!

Jogar fora

Durante vários anos acompanhei de perto o dia a dia de uma instituição filantrópica cuja então presidente é uma grande e querida amiga. Perdi as contas de quantas vezes me decepcionei ao ver o que as pessoas encaminham para "caridade". Eram pacotes de biscoitos tão quebrados que mais pareciam farinha. Embalagens de comida abertas, latas de mantimento amassadas e, pasmem: uma empresa de calçados doou cem pés esquerdos de um chinelo! O que íamos fazer com aqueles farelos de biscoito? Dar para as crianças comerem com colher? E as comidas abertas com as quais nem sabíamos o que poderia ter acontecido? E quanto aos pés esquerdos? Deveríamos usar esses chinelos para encenar uma peça folclórica na qual todas as crianças fizessem o papel de saci-pererê? Cautela! O que não está em condições para o seu uso também não está em condições de uso para outras pessoas. Roupas rasgadas, sem botões e manchadas não vão ajudar. Então se você quer realmente fazer o bem, conserte antes de doar. Com certeza será um dinheiro bem-empregado e você estará de fato ajudando alguém que precisa. Mas se não dá para consertar: lixo!

Geladeira

Coragem! Arregace as mangas e olhe tudo o que você tem lá. O que estiver aberto e você nem lembra desde quando jogue fora. Tudo o que estiver vencido jogue fora. Tudo o que você comprou e congelou por mais tempo do que o indicado jogue fora. Aquilo que está bom, mas você nem sabe se vai consumir veja se alguém quer ou faça algo antes que se perca.

Organize tudo em potes, de preferência de vidro transparente, quadrados ou retangulares, com tampas herméticas. Assim você pode ver o conteúdo e também empilhar para aproveitar melhor os espaços.

No que isso vai beneficiar a blindar a sua bolsa? Esse exercício vai servir como referência para suas próximas compras. Anote tudo o que acabou jogando fora para não voltar a comprar à toa.

Coisas de Patricia
O lodjinha do Sarinha

Aos 18 anos eu trabalhava em uma grande empresa de comunicação e ganhava razoavelmente bem. Porém, comecei a querer abrir meus horizontes e conhecer o mundo. Como sempre, comecei a planejar: "para onde quero ir primeiro? Quanto custa a passagem? E a hospedagem? Que moeda circula nesse lugar?" Confesso que fiquei um pouco desanimada, pois naquela época não havia pagamento parcelado e outras facilidades que temos hoje para viajar. Mas, como eu tinha definido meu objetivo, ignorei as dificuldades e continuei com meus planos.

Pelas minhas contas, a primeira viagem iria demorar, pois eu precisaria juntar uma boa quantia em dólares e não tinha nem unzinho... Mesmo assim, continuei pensando positivamente: "Eu vou viajar, então preciso tirar meu passaporte." Sim, nem isso eu tinha! Fiz os documentos e fui juntando o dinheiro.

Mas, como acontece com muita gente, eu acabava gastando parte do que havia juntado "só para comprar uma coisinha", e daí a quantia não era alcançada nunca! Desânimo à parte, continuei meu plano juntando cinco, dez, vinte dólares por quinzena. Era pouco, mas melhor do que nada.

Eis que, algum tempo depois, surge a oportunidade de viajar! Era um pacote completo, com passagem, hospedagem, passeios e tudo mais por um preço que eu podia pagar. Só tinha um problema: eu teria que ir com pouquíssimo dinheiro para gastar lá... E agora? Pense, Patricia, pense... E foi pensando em como achar uma saída que descobri um novo talento.

Uma amiga havia chegado ao trabalho com um perfume delicioso e lógico que fui perguntar que maravilha era aquela. Era um perfume importado muito difícil de achar no Brasil na época e, quando se achava, custava cerca de 150 dólares.

Daí essa amiga me falou sobre um lugar mágico que existe nos aeroportos espalhados pelo mundo chamado Duty Free, onde aquele mesmo perfume custava menos da metade do preço. E ainda acrescentou: "Puxa, se eu soubesse de alguém que vai ao exterior, pediria para trazer outro, porque este está no fim..." Então me deu um estalo: "Eu vou, eu compro, eu trago para você!"

No meu departamento havia quase trinta pessoas, então comecei a perguntar um por um quem queria alguma coisa do exterior, pois eu estava indo viajar! No final de dois dias eu estava com uma lista de coisas, a maioria perfumes, que meus amigos haviam me encomendado. Liguei para um importador, pesquisei os preços e fiz minha tabela. Vendi mais barato que o importador, mas, como iria pagar bem menos no Duty Free, a diferença seria meu lucro.

Fui viajar com o dinheiro das vendas e usei o lucro nas minhas despesas. A viagem foi ótima (aliás, "Sarinha" foi para Israel!) e quando cheguei entreguei todas as encomendas. Alguns meses depois, lá estavam meus amigos e pessoas que eu nem conhecia me pedindo mais perfumes... Em vez de dizer que eu não vendia perfumes, decidi viajar para um novo destino e trazer mais uma remessa. Como dessa vez eu tinha mais tempo, organizei tudo de uma forma muito melhor e tive novamente um bom lucro.

Mas como as cotas de importação não eram grandes e eu não queria virar muambeira, comecei a pesquisar outras coisas que eu poderia comprar no Brasil mesmo para vender, pois vi que tinha um bom tino para vendas.

Todo dia eu levava uma coisa nova e fui aperfeiçoando meu talento de vendedora. Além de ser algo que eu gostava muito de fazer, a renda extra que faturava com as vendas às vezes chegava à metade do meu salário. Era uma receita muito importante e que nem me dava tanto trabalho ganhar.

Eu chegava antes do horário e todo mundo vinha até a minha sala ver o que tinha de novidade no "lodjinha do Sarinha"![2] Meus clientes ficavam sempre satisfeitos e, com "a dinheirinha", Sarinha também ficava felizinha!

NÃO SURTA, ADELE! COMO ECONOMIZAR NA HORA DE COMPRAR

Gosto muito da Adele e de todas as suas músicas, mas a dica não é sobre minha cantora do momento, mas sim

---

[2] Ganhei o apelido de Sarinha, em referência ao tino comercial da comunidade judaica. "Lodjinha" vem por conta do sotaque!

que você pode achar dinheiro até mesmo no momento de gastá-lo.

Já falamos aqui que muita gente não sabe onde o dinheiro vai parar. Pois bem, isso não quer dizer que a pessoa tem amnésia, mas sim que ela gasta sem perceber e, é claro, ninguém gasta grandes quantias sem perceber. *O problema está nas pequenas quantias que gastamos sem notar.*

Num final de semana dei uma folga para meu marido e fui fazer umas comprinhas sozinha, mas não sem antes fazer minhas tradicionais pesquisas de preço. Precisava de um livro e queria também uns filmes bacanas, então entrei na internet e comecei a pesquisar. Achei o livro em várias lojas e por diversos preços. O maior foi R$ 74,90 e o menor, R$ 39,90, uma diferença e tanto! Vi outros itens também interessantes e resolvi que não compraria pela internet, valia a pena ir até a livraria.

Estacionar o carro em São Paulo é absurdamente caro, mas minha companhia de seguros dá um bom desconto em vários estacionamentos, então prefiro os conveniados e sempre vejo se há um por perto. Minha economia já começou por aí: em vez de pagar R$ 15,00 pelo período, paguei R$ 10,50.

Já na livraria, passei para ver os CDs de música e lá estava Adele, de R$ 39,90 por R$ 21,00. Foi para minha sacolinha! Achei o Blu-Ray de um filme do Tim Burton de que meu marido gosta muito, de R$ 99,90 por R$ 89,90.

Sacolinha! Comprei também o DVD de um filme antigo de R$ 19,90 por R$ 14,90. Fechou!

Depois fui almoçar num restaurante gostosinho e gastei R$ 37,00, aproveitando para ler meu livro novo enquanto esperava o prato. Um luxo!

Contabilizando minhas economias, temos o seguinte:

Estacionar:	de R$ 15,00 por R$ 10,50	economia de R$ 4,50
Livro:	de R$ 74,90 por R$ 39,90	economia de R$ 35,00
CD:	de R$ 39,90 por R$ 21,00	economia de R$ 18,90
Blu-Ray:	de R$ 99,90 por R$ 89,90	economia de R$ 10,00
DVD:	de R$ 19,90 por R$ 14,90	economia de R$ 5,00

A compra que poderia ter custado R$ 249,60 saiu por R$ 176,20, com um total economizado de R$ 73,40. Meu almoço de R$ 37,00 saiu de graça e ainda sobraram R$ 36,40. E para isso investi apenas uns vinte minutos pesquisando os preços na internet. Aliás, esse valor dá para pagar uma parte da mensalidade do provedor.

Mas vale o alerta: *poupar não é surtar!* Se você entrar na "piração" de economizar cada centavo e não gastar com nada que lhe traga algum prazer, isso não lhe motivará a continuar. Até porque poupar não é uma coisa para se fazer hoje e esquecer amanhã. *Poupar é algo que devemos incorporar ao nosso cotidiano, como escovar os dentes e tomar banho*. Mas você não escova os dentes a cada cinco minutos nem toma quatro banhos por dia, certo? O equilíbrio vale muito, e certamente poupar exige uma boa dose dele. Então, não surta!

Parte 3

Saindo do vermelho

Capítulo 6

Tá devendo? Foge!

Entrando numa fria

Como mencionei no início do livro, passei por uma situação financeira muito difícil e, por pouco, não fiz uma bobagem irremediável. Claro que ninguém gosta de comentar os próprios erros e ficar desenterrando defuntos do passado, mas minha ideia ao contar o que houve é que você aprenda com o meu erro e livre-se de entrar numa fria. Se minha história puder abrir seus olhos e evitar que você caia nas furadas dessa vida, todo aquele ano de angústia terá valido muito a pena.

Doze anos atrás, de uma hora para outra, sem nenhum planejamento, resolvi que ia mudar de ares radicalmente e deixar a comunicação para ingressar em outro ramo, totalmente novo. Apesar de estar ganhando bem, trabalhar em São Paulo e em Buenos Aires (cidade que eu amo), ter acabado de comprar um carro bacana e estar com a vida estabilizada, eu estava entediada... Queria alguma coisa nova e que não me desse tanta dor de cabeça. Talvez algo próprio, em que eu pudesse trabalhar menos e ganhar mais. Era uma fórmula bem interessante, mas, na verdade, nem eu mesma sabia direito o que queria.

E foi nessa época que resolvi, sem planejamento, assumir um comércio atacadista do qual duas irmãs estavam abrindo mão. Eu já conhecia a loja e havia até feito compras lá. Sabia que era um ponto que faturava bem e que o motivo de as donas desfazerem a sociedade era uma questão familiar, nada ligado ao movimento da loja em si.

O fato é que assumi um comércio atacadista de lingerie sem ter a menor ideia de como administrá-lo. Eu achava que minha experiência de anos antes com "o lodjinha do Sarinha" era alguma coisa. Quando alguém me questionava se eu saberia tocar o negócio eu dizia: "Gente, é comprar e vender. Qual é o segredo disso? Qualquer um que conhece as quatro operações matemáticas é capaz de fazer isso!" Ledo engano... Mas muita água passou por baixo da ponte, com ventos fortes, chuvas e trovoadas, e eu me encharquei dos pés à cabeça.

Qualquer coisa, por menor que seja, reflete no comércio atacadista. Tem que ter muito jogo de cintura e um capital de giro bem reforçado para dar conta de tudo. Eu não tinha nem uma coisa nem outra. Sem contar que meus concorrentes eram todos fabricantes, e eu não. Apenas revendia mercadorias de outras fábricas. Geralmente tinha que optar entre vender mais caro ou diminuir muito minha margem de lucro para poder concorrer, e essa decisão não era nada fácil. Não era só comprar e vender, como eu tinha imaginado...

A compra também era uma tarefa dificílima, pois eu tinha que ter, de um único modelo, a maior quantidade de cores e de todos os tamanhos, a bendita "grade". E cadê dinheiro para manter tudo isso em estoque? Além disso, o que fazer depois com as dezenas de conjuntos amarelo-ovo que seriam o *must have* do verão, mas encalharam? Percebi já no primeiro fechamento de mês que meu pensamento estava completamente equivocado.

Daí para frente meu plano de ganhar muito dinheiro trabalhando pouco estava desmoronando. Eu tinha que administrar cada centavo e repensar absolutamente tudo.

Havia registrado as funcionárias com um salário maior do que ganhavam antes e com uma comissão também maior. Nunca me ocorreu que eu teria que faturar mais que a administração anterior para poder manter tudo aquilo. Realmente foi uma falta imensa de planejamento, um excesso ímpar de autoconfiança. Eu achava que tudo ia dar certo acontecesse o que acontecesse.

Então, em meio a isso tudo, me aparece nada mais nada menos que um bando de terroristas suicidas...

O dia em que Osama bin Laden invadiu a minha loja

Na época, meus melhores clientes eram de fora do Brasil. Como não vinham com muita frequência, eles compravam grandes quantidades e pagavam à vista e em dólares. Não podia ser melhor! Quando ficava sabendo da chegada deles, fazia previamente as compras e deixava a loja abarrotada. Como não tinha capital de giro suficiente, comprava a prazo, mas, sabendo que receberia à vista, não via nenhum problema em me arriscar a gastar mais. O dinheiro que eu recebia dessas vendas internacionais era o que me dava mais fôlego para pagar as contas, mas acabei ficando muito dependente e nem eram tantos clientes assim. Quando chegava o dia de pagar as compras da primeira venda, eu já havia usado o dinheiro nas despesas e precisava fazer uma nova venda à vista de uma compra a prazo. Eu estava sempre um passo atrás.

Num belo dia, uma cliente paraguaia telefonou dizendo que vinha na semana seguinte, na quarta-feira, dia 12 de setembro de 2001. Ótimo! Entrei em contato com meus fornecedores e fiz altas compras esperando vender muito naquela semana. Deixamos a loja linda, trocamos as vitrines e estávamos bem animadas. Porém, na terça-feira, 11 de setembro de 2001, o telefone tocou logo cedo. Era a antiga dona da loja ao celular, ela havia montado uma pequena fábrica e me fornecia algumas mercadorias. A ligação estava péssima, eu ouvia tudo meio truncado e ia tentando juntar as palavras para ver se faziam algum sentido:

— Oi, Paty! Quero saber se.... o pedido.... você vai querer?... Se cancelar.... avisa...

— O quê? Se eu quero cancelar meu pedido com você? Não! Aliás, você ficou de me entregar hoje, porque amanhã vem minha cliente paraguaia, lembra?

— É que um avião... center... tá tudo parado... caiu no ..."ei" center... Ela não deve vir...

— O quê? Caiu um avião no Playcenter?[3] Nossa, que horror... Mas o que isso tem a ver com a minha encomenda de cuecas? Alô?

---

[3] O Playcenter foi um parque de diversões muito conhecido na cidade de São Paulo, que encerrou suas atividades em 2012, às vésperas de completar quarenta anos.

A ligação caiu, e eu não tinha entendido nada. Aquela conversa não tinha nenhum sentido, porque eu não vendia cueca na porta do Playcenter! Mas, com o passar do dia e ao ver o shopping vazio em plena terça-feira, começamos a perceber que havia alguma coisa errada.

Ninguém sabia o que tinha acontecido, e cada um falava uma coisa, até que finalmente soubemos que se tratava do atentado terrorista ao World Trade Center. Aí caiu a ficha: aeroportos fechados, voos cancelados... *Meu Deus, a paraguaia não vem!*

Foi um dia horrível em todos os sentidos... À medida que íamos nos inteirando dos fatos, menos compreensível a coisa ficava. O terror não era novidade para mim, pois sempre li muito sobre a Segunda Guerra Mundial e sobre as histórias dos sobreviventes. Sempre me encantaram os relatos de pessoas que, como o meu avô, viveram épocas difíceis, mas reconstruíram a vida do nada. Também li muito sobre atentados terroristas mais recentes, como o das Olimpíadas de Munique, em 1972 (ano em que nasci), e o da AMIA (Asociación Mutual Israelita Argentina), em 1994, na Argentina. Em frente ao apartamento em que minha irmã morava, em Buenos Aires, havia um colégio judaico no qual explodiram um carro-bomba com a finalidade de matar centenas de crianças. Graças ao Eterno a explosão não foi bem-sucedida, mas a rua ficou cercada por faixas e com acesso restrito durante muito tempo. Era triste olhar pela janela e ver a contenção ao redor da escola, uma sensação muito estranha mesmo.

E, quanto à loja, ficou às moscas por semanas. Meus clientes do exterior não vieram naquele mês, nem nos seguintes. Para "melhorar", os demais clientes também não estavam vendendo em suas lojas de varejo e, portanto, não compravam quase nada. Osama bin Laden atingiu meu negócio em cheio, assim como fez com as Torres Gêmeas. Mas não foi só isso: meus amigos árabes que tinham comércio próximo ao meu também sentiram muito.

Aliás, aproveito para fazer um parêntesis e registrar que, apesar de toda a dificuldade que possa haver em morar numa metrópole como São Paulo, é muito bacana experimentar a convivência pacífica que temos aqui. Numa mesma rua, principalmente nas áreas de comércio atacadista, você encontra judeus, árabes de todas as nacionalidades, chineses, sul-coreanos, japoneses, gregos, indianos e muito mais, coexistindo em harmonia (mesmo todos sendo concorrentes entre si). Nisso nós, brasileiros, somos exemplares. Bin Laden aqui só se for para vender máscara de Carnaval!

Um raio cai duas vezes no mesmo lugar?

Nos meses que se seguiram as coisas foram só piorando. Fiquei com a loja cheia de mercadoria, mas vendia muito pouco e era um custo receber. Comecei a não ter verba para pagar todos os fornecedores, e os cheques pré-datados começaram a voltar sem fundos um após o outro. Como "golpe final", uma senhora de mais de setenta anos foi fazer compras para a loja do filho e, como havia muito tempo que não fazíamos uma venda das boas, deixei que ela comprasse tudo o que quisesse. No desespero de querer pagar as dívidas, que já começavam a se acumular, quebrei uma das principais regras da loja, o que jamais deveria ter feito. Apesar de a minha vendedora me chamar num canto e avisar que eu estava cometendo uma loucura, não dei ouvidos e vendi praticamente metade da loja para uma cliente que nunca tinha visto na vida e aceitei um cheque de uma conta recém-aberta. Quando depositei o cheque, descobri o óbvio: não tinha fundos. Voltei do banco completamente sem rumo. A cada passo que eu dava era como se recebesse uma martelada na cabeça. Como pude ser tão imprudente? Onde eu estava com a cabeça? Agora eu estava sem mercadoria e sem expectativa de receber. Caí no golpe mais velho do mundo.

Outra vez um avião havia caído na minha cabeça... Pode um raio cair duas vezes no mesmo lugar? Eu não podia acreditar... O que estava acontecendo comigo? Que "destino" trágico era aquele?

Na verdade não era destino algum... As más escolhas que eu havia feito no passado, quando troquei o certo pelo duvidoso, não planejei o futuro e subestimei o que é ter um comércio, estavam começando a se refletir. A "síndrome do Capitão América" estava cobrando o seu preço.

O fato é que fiquei com muitas dívidas e sem nenhuma perspectiva de como pagá-las. Minha loja estava quase vazia, eu estava devendo a absolutamente todos os meus fornecedores e, portanto, estava sem crédito para comprar. Com todos aqueles cheques devolvidos, não podia levantar mais dinheiro com os bancos, então recorri até a agiotas para tentar salvar meu negócio. Obviamente isso só me afundou ainda mais. Eu havia descoberto, da pior forma possível, a fórmula do desastre.

Cheguei ao ponto de não ter o que comer em casa. À noite era difícil dormir com a barriga roncando e o sono não vinha. Ficava pensando em comer um pouco da ração dos meus gatos, mas, se eu fizesse isso, iria faltar para eles no dia seguinte. A hora do almoço na loja era terrível. Eu tinha que ficar dando desculpas para não ir almoçar com as meninas, mas, na verdade, não tinha como pagar a conta da lanchonete, à qual, aliás, eu também já estava devendo.

De vez em quando minha mãe aparecia à tarde com alguma fruta ou um chocolate, e era aquilo que eu comia o dia inteiro. Aliás, algumas vezes, era tudo o que eu comia durante dois ou três dias. Lembro-me de que ficava tanto tempo sem comer que uma maçã inteira não cabia no meu estômago. Eu comia pouco mais da metade e me sentia exausta. Era como se eu tivesse corrido os cem metros rasos. Dava um sono absurdo e eu nem conseguia terminar de comer.

Em pouco tempo percebi que minhas roupas estavam enormes, mas eu estava tão desnorteada que achava que tinham alargado e não que eu tinha emagrecido. De sexta para segunda-feira era tempo suficiente para as meninas perceberem que eu havia perdido ainda mais peso, mas eu só pensava em salvar a loja e nem percebia o quanto estava magra.

Até que, nem me lembro o porquê, subi numa balança dessas de farmácia. Mesmo com as roupas e o calçado, eu estava com 38,5 quilos, e isso com a bolsa no ombro. Quando a tirei, a balança marcou um quilo a menos. Tenho 1,55m de altura e sempre fui magra, mas meu peso normal é 45 quilos. Pesar cerca de 37 era insano.

Só então percebi que meu rosto estava encovado, parecia até que meu nariz tinha aumentado. Eu podia contar todas as minhas costelas e os ossos dos ombros faziam umas pontas estranhas. Minhas unhas quebravam à toa, meu cabelo caía aos montes. Eu estava fracassando nos negócios e agora também estava doente.

As aparências enganam

Cada dia com a loja aberta sem vender nada só fazia minhas dívidas aumentarem ainda mais. Eu precisava fechar a loja para, pelo menos, parar de perder. Mas, para ter autorização para fechá-la teria que pagar R$ 43.000,00 à vista, para a administração do shopping. Minha realidade era que eu não tinha nem R$ 43,00, e estava vivendo do que me restava do último cartão de crédito. Os outros eu já havia estourado e devia uma fortuna, pois tinha limites altos somados a juros exorbitantes.

Durante esse período em que fui acumulando dívidas, eu tentava me desfazer de várias coisas pessoais para tapar os buracos, mas era como enxugar o chão com a torneira aberta. Lembro-me particularmente de uma segunda-feira em que, sem saber mais o que fazer para levantar algum dinheiro, fui logo cedo a um banco penhorar um dos meus relógios. Tive que parar meu tão amado carro importado na rua porque não tinha um centavo para o estacionamento. O combustível eu havia conseguido pagar com o cartão, que já estava quase no limite.

Cheguei ao banco com o relógio que, naquela época, custava em torno de R$ 5.000,00. Mas o penhor me ofereceu nada mais nada menos que R$ 250,00. Eram apenas 5% do que a peça valia. Aquele dinheiro não resolvia nada na minha vida, então me recusei a perder o relógio. Até o atendente disse: "Moça, eu não gostaria de fazer essa negociação. E cuidado aí na porta quando sair, tem gente de olho em você."

Quando saí, já perto da hora do almoço, nem liguei se tinha alguém "de olho em mim", porque o cheiro estonteante que vinha de um carrinho de cachorro-quente na porta do banco me deixou fora do ar. Estava com tanta fome que quase voltei para aceitar os R$ 250,00 e poder, pelo menos, comer o cachorro-quente de R$ 2,00. Mas resisti...

Fui andando pela calçada de cabeça baixa, mas o "tio" do cachorro-quente fez sua propaganda: "Aí, madame, pra senhora eu faço um *dog* no capricho, coisa fina!" Agradeci e entrei no meu Audi com apenas nove mil quilômetros rodados (que eu não podia vender, porque estava com o financiamento todo atrasado). Pude ouvir o "tio" dizer: "Aaaah! A madame não come essas coisas. É só na base do caviar... Quem sou eu?" Mas mal sabia ele a situação em que eu estava.

Fui para a loja sem nenhum centavo, com fome, tonta, sem saber o que fazer, no que pensar e como resolver aquela situação. Parecia que eu estava sobre areia movediça: quanto mais eu me movia, mais afundava. Mas a coisa ainda podia ficar pior...

Dias negros

Fui chamada na administração do shopping para um ultimato: ou eu pagava a dívida de R$ 43.000,00 até sexta-

-feira, ou iam executar o imóvel do meu fiador. Eu não estava raciocinando direito, mas, quando lembrei que a fiadora era minha mãe, entrei em parafuso.

— O que você está me dizendo? Que pode tomar a casa da minha mãe?

— Sim, é pra isso que se pede fiança. Como nós vamos receber essa dívida com a sua situação desse jeito? Já lhe demos bastante tempo.

— Mas eu preciso de mais tempo. Minha mãe é aposentada e ela mora nessa casa. Ela não pode ficar na rua...

— Bom, ela pode ir morar com você, não pode?

— Não, claro que não. Meu aluguel está vencido, nem eu sei até quando fico naquela casa. Eu me viro por aí, mas minha mãe não pode ir pra rua... Não consigo esse dinheiro em quatro dias... É impossível!

— Quatro dias é o que posso dar. E olha que o dono nem sabe que eu ainda não executei a ação. Se ele souber, é o meu pescoço que vai rolar...

— Mas eu não tenho esse dinheiro... Como eu vou perder o único imóvel da minha mãe?

Saí da sala como se eu não estivesse ali. Não queria voltar para a loja, não queria ir para casa, não queria estar em lugar nenhum. A única frase que vinha na minha cabeça era: "Sua mãe vai morar embaixo da ponte por sua causa, você conseguiu, parabéns!" Entrava no banheiro e a voz estava lá. Abria o chuveiro, mas ainda podia ouvir. Dentro do carro, ligava o som bem alto, mas lá estava a voz. Assistindo à TV parecia que a qualquer momento o apresentador do telejornal ia dizer: "E agora o caso da filha que perdeu a casa da mãe. A aposentada está vivendo embaixo do viaduto enquanto a filha desfila de carro esporte pelas ruas de São Paulo."

A verdade é que eu não podia aguentar aquilo. Não havia absolutamente ninguém no mundo que pudesse me ajudar e, com aquela confusão mental, eu não conseguia ver uma saída. Era um caso perdido, e a culpa era toda minha. Eu só tinha um pensamento fixo durante aqueles dias negros: "Não vou ver minha mãe na rua. Aconteça o que acontecer, eu não posso e não vou ver isso, de jeito nenhum."

Lembrei-me de uma loja de armas no centro da cidade, onde eu havia ido um tempo antes para comprar uma espingarda de chumbo. Meu avô tinha uma quando eu era criança e gostava muito de atirar. Acabei não comprando a espingarda na época, mas me lembrava da loja e pensei: "Acho que ainda tenho crédito no cartão para uma arma, peço umas balas de brinde. Uma calibre 22 já serve e deve ser barata. Está decidido, é isso. Se 43 é o número que arruinou minha vida, 22 vai ser a solução." Fiquei calculando se era melhor ir de metrô ou de carro, porque a gasolina estava nas últimas. Mas como voltar de metrô com um revólver? A polícia não pode pegar minha arma... Ela é minha única saída, não posso me arriscar. Era um pensamento tão absurdo que acabou servindo para que eu mesma visse o quanto estava fora de mim.

E foi aí que lembrei que Deus existe. Eu achava que cria em Deus, que tinha fé e que estava tudo bem entre mim e ele. Mas, na verdade, eu nem me lembrava da sua existência. Estava a milhares de quilômetros de distância, tentando resolver tudo sozinha. Mas, como eu não tinha mais a quem recorrer, eis que leio na Bíblia o seguinte:

> Quem mediu as águas com a concha de sua mão e juntou os céus com sua palma, e juntou a terça parte do povo da Terra, e pesou os montes com balança e com pesos os outeiros? (Isaías 40:12 RV)

Então comecei a raciocinar: "Se Deus pode juntar toda a água do mundo em uma mão e medir o céu a palmos e, ainda por cima, pesar todos os montes numa balança, que tamanho ele tem? Eu sabia que Deus era grande, mas nem tanto!"

Vi que estava enxergando a situação de um ponto de vista muito trágico e consegui completar um raciocínio: "Daqui de onde estou, andando de cabeça baixa (como agora é meu costume), consigo ver cada papel de bala, cada ponta de cigarro no chão. Mas, se eu subir até o vigésimo andar, minha visão vai se ampliar, vou conseguir ver o horizonte e nem vou lembrar que existe papel de bala na calçada. Quem sabe essa dívida, para Deus, não passe de um papel de bala?" Foi aí que propus um desafio a ele, e orei:

> Olha, Deus, a Bíblia diz que o Senhor é imenso, mas eu não estou vendo isso na minha vida. A única coisa nessa minha vida que é imensa é essa maldita dívida. Será que a Bíblia não passa de lenda? Quem sabe seja apenas mitologia ou pura enganação? As pessoas por aí não querem saber do Senhor, mas eu lhe dou uma chance de provar sua existência. Se o Senhor é real, então apareça na minha vida antes de sexta-feira, porque, se o Senhor não aparecer, eu vou desaparecer. Amém!

Uma oração curta e grossa. Eu não tinha mais palavras, e era exatamente aquilo que eu queria dizer. De que me adiantava fazer uma oração bonitinha ou ficar repetindo reza decorada? Eu precisava de uma solução e não de lenga-lenga. Precisava ver Deus mudar a minha vida e não de uma religião que me dissesse com que roupa eu devia sair de casa ou que eu devia aceitar o meu "carma" ou a minha "provação" e carregar uma cruz em forma de dívida.

A sexta-feira chegou e, aparentemente, não havia acontecido nada. Pelo contrário, estava tudo pior. Na quinta-feira, o total das vendas do dia se resumiu a uma calcinha de R$ 1,99 e, quando cheguei em casa, a gasolina acabou. Aquele R$ 1,99 só deu para pagar o ônibus na manhã de sexta. Fui para a loja sem saber como ia voltar à noite.

Chegando lá, o telefone tocou, era meu ex-chefe dizendo que depois que deixei a editora tudo começou a dar errado. Então, ele me chamou para voltar a trabalhar com ele. Disse que tinha certeza de que eu poderia conciliar a loja e o trabalho, que tudo daria certo. Não estava pedindo para que eu abandonasse meu negócio, que devia "estar indo muito bem", mas só queria que eu cuidasse do dele. Mal sabia aquele homem da minha situação. Marcamos de ele vir ao Brasil na semana seguinte para acertarmos os detalhes, pois ele não iria aceitar um "não" como resposta.

Depois do telefonema, fiquei animada como havia muito tempo não ficava. Finalmente uma porta para entrada de dinheiro estava se abrindo, sem contar que eu já tinha esquecido que havia sido uma pessoa competente. Eu estava me achando um fracasso enorme, mas ouvir que eu tinha feito a diferença naquela empresa a ponto de me quererem de volta foi como música para meus ouvidos. Mas aquele ânimo durou pouco, pois eu sabia que a qualquer momento a administração me chamaria para receber o pagamento, e eu não tinha levantado nem um tostão.

Finalmente me chamaram e, apesar de eu querer sair correndo, pedi forças a Deus, pois não sabia o que dizer a eles. Entrei na sala e, sem ter planejado nada, me ouvi falando com a administradora com convicção, no tom firme que sempre tive, mas que tinha esquecido quase por completo.

— Voltei a trabalhar e vou poder pagar toda a dívida, mas hoje não tenho nada. Veja o que você pode fazer por mim, pois eu quero fechar essa loja agora.

— Olha, eu não posso fazer nada. Para fechar você tem que pagar.

— Tudo bem, eu pago, mas não hoje. E eu fecho hoje de qualquer jeito. É meu último dia.

— Bom, só se você assinar umas promissórias, daí eu autorizo você a fechar. Mas não conte a ninguém, caso contrário, desfaço tudo!

— OK. Eu assino o que você quiser.

Eu disse que poderia pagar R$ 500,00 por mês, e a administradora, inacreditavelmente, aceitou. As 12 primeiras promissórias foram de R$ 500,00, depois assinei mais trinta de R$ 1.200,00 e a última, de R$ 1.000,00.

Sem nenhum centavo de juros, nem eu estava acreditando. Assinei tudo e recebi autorização para encerrar as atividades.

Voltei para a loja na esperança de ter vendido qualquer coisa para eu poder, pelo menos, comer algo e pagar o ônibus de volta. Mas não havíamos vendido nada, e eu já estava pensando que teria que ir a pé para casa. Seriam uns nove quilômetros, e eu não tinha nem uma garrafa d'água. Enquanto me preparava psicologicamente para a caminhada, a única funcionária que restou me deu um passe de ônibus sem dizer uma palavra sequer. Ela só estendeu a mão e me deu o passe. Foi meio humilhante, mas, ao mesmo tempo, foi muito bom ver nos olhos dela o quanto gostava de mim, mesmo eu não tendo mais nada a oferecer... Enquanto eu viver, não vou esquecer esse bem que ela me fez. Nem sei quanto valia aquele passe, mas para mim foi um dos melhores presentes que ganhei na vida.

Intervenção

Fechar a loja foi, ao mesmo tempo, um alívio e uma frustração. Eu havia conseguido vedar um pouco a torneira, mas a sensação de fracasso era tão grande que eu nem levantava da cama. Eu não queria falar com ninguém, muito menos ver quem quer que fosse.

Eu tinha visto que Deus existia de fato, mas estava muito fraca. Em alguns momentos eu acreditava, em outros já começava a duvidar. Será que não foi coincidência? Será que foi Deus mesmo? Cada vez que o telefone tocava era um terror. Eu pensava: "É gente para me cobrar! Não posso pagar! Não quero falar com ninguém!" Eu chegava a cobrir a cabeça até o telefone parar...

Mas eu não podia continuar daquele jeito, tinha que reagir. Foi então que resolvi fugir. Isso mesmo! Sempre que vejo alguém endividado meu conselho é este: fuja! Mas calma lá! Não é o que você está pensando... Não é fugir dos credores, nem das responsabilidades, mas sim fugir da situação. E só se foge de dívidas de uma única maneira: pagando.

Não importa quantas sejam nem quão grandes. Se você está endividada, precisa acordar. Você precisa de uma *intervenção*. A intervenção nada mais é do que cair na real. É reconhecer sua situação e se comprometer, com todas as forças (as que você tem e as que não tem), a fugir daquele marasmo. Então, joguei as cobertas para longe e pulei da cama!

Independentemente de estar devendo uma fortuna, resolvi que ia pagar até o último centavo e que isso não me roubaria mais do que um ano. Se eu tinha sido capaz de adquirir uma dívida daquelas em questão de nove meses, eu estava me dando um prazo maior para sair dela: exatos 12 meses, nada mais.

Para isso, comecei a buscar forças onde só havia fraqueza e a cada dia buscava dar um passo à frente. Um passo para quem tinha que ir andando de São Paulo à Groenlândia era muito pouco, mas era melhor do que ficar parada. Então, fui em frente. Voltei às minhas raízes e comecei a planejar uma forma de me reerguer. Era um plano aparentemente simples, mas que não ia ser nada fácil de pôr em prática. Eis os passos iniciais da minha maratona:

Atualizar toda a dívida.
Analisar conta por conta.
Levantar dinheiro.
Negociar e pagar as dívidas uma a uma.
Comemorar uma a uma.

O último item, a comemoração, foi muito importante, pois, se eu tinha um monte de contas para pagar, também teria um monte de motivos para comemorar!

Começando pelo passo 1, atualizei a dívida e vi que a soma chegava ao equivalente a 150 mil dólares, cerca de 300 mil reais nos dias de hoje. Era realmente impagável... Mas só o fato de eu ter traçado um plano e querer sair daquela situação já me animava. Eu ainda não havia pagado um centavo sequer, mas já acreditava que conseguiria.

A luz no fim do túnel

Daí para a frente, passei a cuidar de mim e a entregar nas mãos de Deus aquilo que eu não podia fazer. Já conseguia dormir melhor e estava ganhando peso. Já não precisava ficar segurando as calças para não caírem!

Com o salário que eu recebia na editora, devolvia o dízimo antes de qualquer coisa, pagava a promissória do mês, as contas básicas e a comida. O restante era todo investido no pagamento das dívidas. Minha mente começou a se abrir, e passei a enxergar coisas que não via antes. Juntei a pouca mercadoria que tinha e ofereci de volta às fábricas para abater da dívida. Todos aceitaram, e consegui diminuir um pouquinho do total.

Peguei todos os móveis da loja para dar como pagamento a um dos fornecedores. Minha loja era grande, e os móveis muito bonitos. Tinha tanta certeza de que aceitariam que arrumei um caminhão emprestado e lá fui eu. Aceitaram, embora os móveis mal coubessem na loja minúscula que tinham em São Paulo. E ainda me devolveram alguns que não couberam de jeito nenhum. Só podia ter sido coisa de Deus mesmo.

Tudo o que eu podia transformar em dinheiro era usado para abater parte da dívida. Lembro-me de ter pagado R$ 100,00 a uma fornecedora com uma coleção de revistas que tinha em casa. Era pouco, mas só de poder dizer "uma a menos" era uma comemoração total. Bem, "total" nem tanto, uma vez que, agora que eu estava quebrada, todos os meus "amigos" tinham desaparecido. Eu comemorava comigo mesma. Às vezes ficava na frente do espelho só para parecer que tinha mais gente na área.

Minha irmã conseguiu vir ao Brasil para passar uns dias comigo em casa e minha mãe também ficou conosco. Eram dias difíceis, mas eu tinha certeza de que sairia daquela situação dentro do prazo que havia determinado. Muitas vezes as dúvidas tentavam tomar os meus pensamentos: "Se eu não pagar alguma dessas promissórias, vão tomar a casa da minha mãe... Se a editora não se reerguer, posso perder meu emprego... E quando minha irmã for embora? Vou ficar sozinha de novo... Minha mãe tem que voltar para a casa dela para não descobrir que devo tanto assim..."

Mas, a cada mau pensamento, eu pedia a Deus que me desse forças e ia em frente. Havia dias melhores e outros em que tudo parecia estar desandando de novo. Mas a verdade é que tudo dependia de mim. Eu podia me deixar guiar pelas circunstâncias ou decidir que, independentemente de qualquer coisa, não iria tirar os olhos do meu alvo.

Lembrei-me da minha infância e dos dias em que treinava tiro ao alvo com a espingardinha de chumbo. Eu era boa de mira, dificilmente errava. Então, decidi que iria continuar assim. Com Sol ou com chuva eu não ia me desviar do alvo.

E foi assim, dia após dia, perseverando para alcançar meu objetivo, que em 11 meses e vinte dias paguei minha última dívida. Foi a melhor sensação do mundo abrir a "gaveta das dívidas" e vê-la vazia. Já podia começar a percorrer os 15 cartórios da capital e pedir as certidões negativas. Uma a uma obtive todas elas. Recuperei minhas contas no banco, meus cartões de crédito e minha dignidade.

Eu não precisava mais andar de cabeça baixa nem fugir do telefone. No ano seguinte, comi cachorro-quente até dizer chega, voltei a comprar a melhor ração para os meus gatos, financiei outro carro e me dei mais um relógio suíço de presente. As pessoas diziam que eu havia voltado a ser eu, mas eu tinha certeza de que era outra pessoa. Tinha aprendido a ser mais humilde, a dar valor às amizades, a crer em Deus e a lutar pelo que queria. A "casca" podia ser até parecida, mas com certeza passei a ser outra pessoa.

Mas, como eu preciso me divertir (lembra-se?), não posso deixar de contar essa! Acho que comi tanto cachorro-quente naquela época que peguei um "não-sei-o-quê". Fiquei quase dez anos sem poder sequer ver um cachorro-quente, mesmo que fosse pela TV. A impressão que eu tinha era de que me daria uma azia "monster"... Sei lá...

Há pouco tempo, fui com meu marido a uma lanchonete e estava lendo o cardápio sem saber muito bem o que pedir. Então, ele me fala: "Paty, pede esse *monster-dog*, você nunca come cachorro-quente!" Pensei: *justo o* monster? Mas acabei pedindo e... estava uma delícia!

Capítulo 7

Crédito consciente

Jeremias, tu já sabias?

Até aqui já deu para você ter uma ideia da importância de equilibrar as contas e de se planejar para o futuro. Isso tudo nada mais é do que educação financeira na prática. Agora, o que você precisa ter em mente é que esse equilíbrio (rodar os pratinhos como naquele número de circo), tem que ser exercitado todos os dias.

Seja qual for a sua situação financeira neste momento, você precisa estar totalmente a par dela e planejando o próximo passo. Veja esta passagem do Antigo Testamento, em Jeremias 6:16 (RV):

> Assim disse o Senhor: Parai-vos nos caminhos, e olhai, e perguntai pelas veredas antigas, qual seja o bom caminho, e andai por ele, e achareis descanso para vossas almas. Mas disseram: Não andaremos nele.

Veja que o próprio Deus ensina a observar o panorama e planejar nosso caminho. Ele não diz: "Vá por aqui, pois este é o melhor caminho." Ele pede que nós mesmos, com a inteligência que ele nos deu, analisemos a estrada e façamos a opção pelo melhor caminho e que, depois disso, sigamos por ele a fim de termos paz.

Só que, na época do Velho Testamento, assim como nos dias de hoje, as pessoas não quiseram obedecer a Deus. E é como vimos anteriormente: se você não pensar, alguém fará isso por você. Quem não tem opinião própria vai se deixar levar por aqueles que, astutamente, irão tirar proveito da situação. Por isso, você deve conhecer os caminhos, deve se informar sobre o que está acontecendo na economia dentro da sua esfera de atuação.

Não que você tenha que ler todos os dias o caderno de economia de todos os jornais e saber como andam as bolsas de valores em todo o mundo. Lembra-se do micro e do macro? Você precisa estar por dentro do que interessa ao seu bolso e ao que pode ajudá-la a blindar sua bolsa.

É comum os bancos e as financeiras veicularem propagandas maravilhosas, com pessoas dançando e cantando dentro das agências, saindo felizes ao comprarem casa, carro e pagarem a universidade dos filhos. Com isso, os desavisados vão lá achando que o banco é uma mãe que terá todo o prazer em ceder ao filhinho querido a quantia de dinheiro de que ele necessita.

Ultimamente os bancos estão baixando os juros de empréstimos, mas não pense que isso é algum favor ou que a fada madrinha pousou na cabeça dos banqueiros numa noite enluarada... Veja no quadro a seguir um exemplo de como os bancos funcionam.

O que o banco dá	O que o banco cobra
O que acontece quando você poupa R$ 100,00 numa aplicação que renda 0,5% ao mês, pelo período de 12 meses? Se você deixar os R$ 100,00 lá, sem sacar nenhum centavo, terá na conta, dentro de um ano, R$ 106,17. Um rendimento de R$ 6,17.	Agora, o que acontece se você fica com R$ 100,00 negativos no cheque especial pelo período de 12 meses? Calculando apenas juros de cerca de 8%, (sem acréscimo de IOF), teremos o seguinte: já nos primeiros trinta dias, sua dívida será de R$ 108,00. Maior do que todo o rendimento de um ano inteiro na aplicação deste exemplo. Ao final de 12 meses, seu débito de R$ 100,00 terá subido para inacreditáveis R$ 251,81. São mais de 150% ou uma vez e meia *a mais* do valor da dívida original.

Mas para onde vão os juros que você paga aos bancos, o chamado "custo do dinheiro"? As taxas altíssimas não vêm apenas do lucro dos bancos, veja a ilustração a seguir sobre o pagamento de juros para o valor de R$ 100,00:

25,50	24,40	21,40	16,30	9,40	3
Taxa de captação (Valor pago pelo banco pelo dinheiro que foi emprestado)	Margem de lucro (Remuneração e lucro do banco)	Inadimplência (Reserva do banco para cobrir eventuais perdas)	Impostos	Custos administrativos	Depósitos compulsórios

SPREAD 74,50

Só para constar, sem querer dificultar a coisa, o depósito compulsório é o valor que os bancos têm que depositar no Banco Central. E o *spread* bancário é a diferença entre o custo do dinheiro para o banco e a taxa cobrada dos clientes. O lucro do banco é uma parte desse *spread*, mas a taxa também é determinada por impostos e outros custos, como os operacionais.

A dica é: *saiba como funciona aquilo que afeta a sua realidade.* Se quer poupar, conheça todas as opções e analise a melhor, dependendo do valor a ser investido e do prazo em que você pode deixar o dinheiro rendendo. Se quer pagar uma dívida, conheça todas as linhas de crédito disponíveis e escolha a melhor.

Jeremias há milhares de anos já sabia: observe os caminhos disponíveis, escolha o melhor, siga por ele e tenha paz!

Cuidado com as parcelas

Creio que você já se viu tentada diante de uma promoção cujas "parcelinhas" cabem perfeitamente no seu bolso! Eu já fiquei, e não só uma, mas muitas vezes!

A possibilidade de termos um bem que, se não fosse pelo parcelamento, não poderíamos ter, é muito sedutora. Porém, temos que tomar muito cuidado, pois podemos agir como uma criança que está sozinha diante de uma mesa repleta de doces, balas e todo tipo de guloseima. Sem a supervisão de um adulto, ela vai comer "só um docinho, só uma balinha, só mais um caramelinho" e, ao final de meia hora, vai colocar os bofes para fora! Eu aprendi isso na famigerada noite do suco.

O que se difunde, não muito abertamente, é que o ideal seria comprometer não mais que 30% da sua renda com prestações e/ou compromissos fixos. Mas essa porcentagem depende da realidade de cada um, por isso, mais uma vez, cabe a você analisar a própria situação.

Digamos que você pague aluguel e que ele consome 40% do seu salário. Além disso, as contas de consumo (água, luz, telefone e gás) levam mais 20% do seu ganho. Se você comprometer 30% da sua renda em prestações, já vai ter gasto 90% do seu salário. Será que com os 10% restantes você consegue dar conta de alimentação, transporte e qualquer outro imprevisto que possa surgir? Nesse exemplo você já tem uma ideia de que essa regra de 30% não se aplica a todo mundo. Para o banco, se você pagar em dia o seu empréstimo, ele já vai estar ganhando. Mas, se você se enrolar e não pagar em dia, ele ganhará mais ainda!

Então, qual é a jogada dos bancos? Conceder um empréstimo que você tenha "mais ou menos" condição de pagar, pois, se você atrasar, vai acabar conseguindo pagar aquela dívida (que já tinha juros) com mais juros ainda. Para os bancos significa ganho sobre ganho. Para você significa perda sobre perda...

A dica é: muito cuidado com as parcelas. Analise, raciocine, calcule e vá em frente!

Quando tomar emprestado?

Continuando o raciocínio dos parcelamentos, vimos que não há uma regra que se encaixe a todo mundo e que é necessária uma avaliação geral da sua situação financeira antes de contrair um empréstimo ou uma conta a prazo. Mas existem motivos diferentes para usar e se beneficiar do crédito que os bancos e as financeiras disponibilizam. Isso mesmo, ainda que os bancos lucrem muito, há formas de nos beneficiarmos do crédito que eles concedem. Vamos ilustrar alguns casos em que é possível obter benefícios ao tomar empréstimos.

Empréstimo pessoal

Uma das coisas que não têm preço é o conhecimento. Um ladrão pode roubar seu carro, um vendaval pode levar sua casa e a força da gravidade pode estragar o resultado daquela cirurgia plástica na qual você gastou milhares de reais para ficar com "tudo em cima". Mas o conhecimento é um bem que ninguém jamais será capaz de tirar de você.

Particularmente acredito que investir em um intercâmbio, uma faculdade ou em algum curso que vai lhe trazer chances reais de crescer pessoal e profissionalmente vale a pena. Se você trabalha em uma empresa na qual as pessoas que falam inglês, por exemplo, têm mais chances de promoção, invista nisso. Fazer um empréstimo e passar o mês de férias em outro país num curso de imersão seria fantástico. Com o crescimento e a experiência que você vai adquirir, a promoção estará mais próxima, e você poderá pagar o empréstimo com essa entrada maior de receita.

Esse é apenas um exemplo, cabe a você analisar o que pode lhe trazer algum benefício e investir em si mesma.

Empréstimo empresarial

Há linhas de crédito bastante atraentes para empresas que desejam expandir seus negócios. Tudo o que for investido no crescimento de sua empresa será benéfico, mas, mesmo assim, necessita de planejamento.

Se você acredita que comprando determinado equipamento sua produção — e, portanto, seu lucro — vai aumentar, por que não investir nisso? Há empréstimos que concedem carência de alguns meses, com a finalidade de que, com o aumento do lucro (obtido pelo novo investimento), a empresa possa pagar as parcelas do financiamento.

Com a concorrência acirrada que temos hoje em todos os segmentos, é necessário estarmos em constante renovação do nosso negócio para, assim, sempre oferecermos algo além. Dessa forma, você pode ter o banco como seu aliado, desde que saiba escolher a melhor opção.

Empréstimo para ampliação de patrimônio

Existem também linhas de crédito para construção, reforma ou ampliação de imóveis. Essas linhas, além de não serem caras, podem ser até mesmo rentáveis.

Se você já reformou sua casa, sabe o quanto isso pode ser desgastante e dispendioso. Por isso, ter um projeto bem-elaborado e ter todo o valor necessário para começar e terminar a reforma é indispensável para não entrar numa roubada.

Já vi reformas que não acabavam nunca por não terem planejamento e pelo dinheiro terminar antes da obra. O pior é que, a cada retomada da obra, o orçamento subia mais e mais. É o pedreiro que some porque não recebeu, são os ajudantes, que ficam o dia inteiro sem fazer nada porque o "patrão" não teve dinheiro para comprar o piso, e por aí vai... Por isso, contrair um empréstimo para fazer uma reforma bem-pensada e sem parar no meio do caminho pode ser uma ótima saída.

Vamos a um exemplo. Imagine que você tenha uma casa que esteja valendo R$ 100.000,00 na condição atual: um quarto, cozinha, sala de estar, um banheiro e um quintal onde cabem uns três carros. Você faz as contas e vê que com R$ 25.000,00 poderia construir mais um quarto, fazer dele uma suíte, comprar armários para uma cozinha planejada e ainda ficar com espaço para um carro. Após a reforma, seu imóvel, agora com dois quartos, sendo um deles suíte, e todos os demais benefícios, passou a valer R$ 165.000,00. Isso não significa que você ganhou R$ 40.000,00, pois terá que abater os juros do empréstimo, mas certamente haverá um aumento real de patrimônio se os juros do empréstimo forem favoráveis.

Vamos fazer uma conta rápida, considerando os juros de uma das opções de crédito existentes no mercado (taxa calculada em novembro de 2012):

> Empréstimo de R$ 25.000,00.
> Prazo de sessenta meses para pagar.
> Juros de 1,85% ao mês.
> Valor das parcelas: R$ 693,32.
> Valor total pago em sessenta meses: R$ 41.600,00.

Isso significa que você aumentou seu patrimônio hoje e terá cinco anos para pagar. Além disso, provavelmente, ao término dos cinco anos, seu imóvel terá valorizado ainda mais, por ser um dos investimentos mais sólidos. E tudo isso sem contar com o benefício do uso do imóvel, seja como moradia, locação ou mesmo investimento.

Vale a pena conhecer o gerente do seu banco e tirar um tempinho para conversar com ele sobre as melhores taxas para cada caso. Uma hora com o seu gerente pode significar um ganho real na sua vida pessoal, nos seus negócios ou no seu patrimônio. Todos os meses marco um encontro com os gerentes dos dois bancos em que temos contas, e eles são sempre muito solícitos em informar sobre como anda o mercado. Se o seu gerente não tem essa disposição, mude de agência. Ele deve ser o seu melhor aliado.

Menos prazo, menos dor de cabeça

Ao escolher sua linha de crédito, além de levar em conta o valor a ser pago e quanto ele consome da sua renda, é preciso avaliar também o melhor prazo.

Geralmente prazos menores oferecem juros também menores. Então, uma boa dica pode ser optar sempre pelo prazo mais curto. Porém, há outras fórmulas que podem ser tão benéficas — ou mais — do que um prazo curto.

Se você é uma profissional liberal ou uma empresária, sabe que sua receita pode variar — e muito — de um mês para outro. Então, uma boa opção na hora de escolher o prazo é pensar no mês de vacas magras e não no de vacas gordas! Na prática, isso quer dizer o seguinte: se nos melhores meses você poderia pagar R$ 1.000,00 de prestação, mas nos piores poderia pagar apenas R$ 400,00, é melhor optar pela prestação menor, pois mesmo na época de vacas magras você não ficará inadimplente e não atrairá mais juros à dívida.

Tendo uma prestação pequena, nos meses de maiores receitas você pode abater duas ou mais parcelas, o que lhe proporcionará um desconto nos juros devidos. Assim, você estará sempre em dia com seu empréstimo, sem correr o risco de comprometer seu CPF ou CNPJ junto aos serviços de proteção ao crédito. Além disso, muitos bancos têm um programa de pontuação, ou seja, os bons pagadores podem obter melhores taxas em empréstimos ou operações de crédito futuras.

De qualquer forma, estarmos à frente do débito é sempre a melhor saída, ou seja, podendo quitar a dívida, quite. Fuja das tentações de comprar outras coisas em vez de pagar o que já deve.

Capítulo 8

Cartão de crédito: gestor de gastos

Eis aqui o vilão de muito orçamento. Já demos uma "pincelada" sobre o cartão de crédito, mostrando como ele pode ser bacana ou muito malvado. Agora vamos analisar um pouco mais profundamente como domar esse Pit Bull das finanças!

Pensar no cartão de crédito como um cão bravo e mal-humorado pode ser uma boa imagem. Quando você entra numa casa com uma placa Cuidado, cão bravo, você já fica esperta, não? Você não vai entrar correndo, gritando e fazendo estardalhaço... Em vez disso, você vai preferir estar na presença do dono da fera e vai ficar "pianinho" até a hora de ir embora. Não levar uma mordida daquelas depende mais da sua atitude do que propriamente da do cachorro rabugento.

Assim funciona o cartão de crédito: o retorno que terá dele depende de você e de como o usa, e não o contrário. Se você usar seu cartão da maneira certa, ele será, sem dúvida, um grande aliado do seu orçamento. Mas, se você abusar dele, pode se arrepender amargamente. Então, como encarar esse canino feroz e transformá-lo num totó gentil e amigável? Guarde este mantra (se necessário, repita-o todos os dias diante do espelho):

> Meu cartão de crédito não é um agente camarada de empréstimos instantâneos. Ele é apenas um gestor de gastos.

Repita quantas vezes forem necessárias até que isso entre na sua cabeça. Para ajudar, vamos entender o jeito errado e o jeito certo de usar o cão, quer dizer, o cartão:

Como NÃO USAR o seu cartão	Como USAR o seu cartão
• Nunca use seu cartão para comprar coisas que você não tem dinheiro para pagar. • Nunca use seu cartão para comprar coisas para outras pessoas. • Nunca, jamais, em tempo algum, faça saques em dinheiro.	• Fixe um valor mensal para os gastos com o cartão. • Concentre suas compras no cartão e vá guardando os canhotos para manter o controle dos gastos. • Cadastre-se em programas de fidelidade que podem transformar suas compras em pontos ou milhas de viagem e lhe proporcionar benefícios.

Dessa forma fica clara a diferença entre agente de crédito e gestor de gastos. O cartão é um péssimo agente de crédito, pois os juros que ele lhe cobrará por faturas atrasadas ou empréstimos em dinheiro são exorbitantes. Já como gestor de gastos ele é supereficiente e pode ainda lhe render benefícios.

No meu caso, fiz uma projeção de gastos mensais num dos cartões de crédito que me proporciona milhas suficientes para viajar de graça uma vez por ano. Há três anos venho repetindo essa fórmula e tem sido muito bom economizar nas passagens aéreas. Em outro cartão, concentro outro valor de gastos mensais que me dão desconto na renovação do seguro do carro. Para alcançar o valor necessário, incluo todas as despesas possíveis para pagar com o cartão, como:

mensalidade da internet, o próprio seguro do carro, seguro de imóvel etc. Ou seja, tudo o que tenho a pagar dou preferência para pagar com o cartão e aumentar minhas pontuações nos programas de benefícios.

Mas, para isso, é necessário ter controle sobre o orçamento, pois, se você atrasar a fatura, todos os seus planos podem ir por água abaixo. Então, seja realista ao fixar seus gastos mensais com cada cartão e mantenha-se fiel aos valores estipulados. Dessa forma, o cartão de crédito também poderá ser o melhor amigo do homem.

Cuidados com o seu cartão

Hoje em dia, infelizmente, nada na vida é 100% seguro (a não ser a morte e os impostos). Com os cartões, apesar de todos os itens de segurança disponíveis, não é diferente. Devemos ter alguns cuidados básicos para não correr o risco de cair na armadilha das fraudes. Infelizmente, como diria minha irmã, as "mentes criminais" estão por aí trabalhando sem descanso para tirar o nosso sossego.

Mas também não é preciso ficar paranoica, pois parte do lucro dos bancos (que já vimos não ser pouco) é investida em tecnologia justamente para nos dar cada vez mais segurança. E como prevenir é sempre melhor do que remediar, reuni aqui algumas dicas básicas de cuidados que devemos ter com todo tipo de cartão:

- Se o banco ou a financeira já possui a opção de cartão com chip, troque o seu cartão antigo pelo novo. Os chips são muito mais seguros, pois você irá efetivar a compra mediante uma senha numérica e não apenas com uma assinatura que pode ser falsificada.
- Se o seu cartão ainda não tem chip e as transações são feitas pela tarja magnética, mantenha-a longe de campos magnéticos, como geladeiras e qualquer tipo de ímã, e evite também deixar o cartão com tarja exposto a altas temperaturas, sejam naturais ou artificiais.
- Não guarde vários cartões de forma que as tarjas magnéticas fiquem em contato umas com as outras. Coloque-os em compartimentos separados na carteira ou em porta-cartões.
- Nunca guarde a senha junto com o cartão, nem escolha senhas óbvias, como datas de aniversário.
- Não fale sua senha por telefone nem a envie por SMS ou e-mail.
- Fique sempre de olho no seu cartão e não deixe que a pessoa que vai fazer a cobrança o leve a um local que você não possa ver.
- Se seu cartão ficar retido num caixa eletrônico e o banco estiver aberto, chame um funcionário, jamais aceite ajuda de um estranho. Se isso acontecer num horário em que o banco estiver fechado, ligue

para o SAC do banco e cancele o cartão. Pergunte se é necessário também fazer um boletim de ocorrência na delegacia mais próxima. É importante ter o número do cartão e todos os demais dados anotados em outro local seguro, pois, em caso de perda, você terá que informar esses dados ao SAC.

- Sempre que possível, use o caixa eletrônico enquanto o banco estiver aberto. Além de ser mais seguro, se acontecer algum problema, será mais fácil resolver.
- Em caso de roubo, perda, extravio ou suspeita de fraude, a atitude também deve ser ligar para o SAC e cancelar imediatamente o cartão, além de verificar se é necessário fazer o boletim de ocorrência na delegacia.
- Em casos de fraude, a administradora do cartão assume o prejuízo, mas, para isso, você deve informar qualquer problema que tenha ocorrido com o cartão.
- Não abra links que pareçam ter sido enviados ao seu e-mail pelo banco. Bancos não pedem nenhum tipo de informação por e-mail nem enviam links. Em caso de dúvida, ligue para o seu banco, mas nunca acesse os links.
- Sempre que seu cartão for substituído, destrua o anterior.

- Em todas as compras, o correto seria que o caixa pedisse a identidade juntamente com o cartão para conferir se realmente é o proprietário quem está realizando a compra. Raramente eles pedem, pois, além de estarem com pressa, os clientes em geral fazem cara feia ao ter que mostrar o RG. Se isso acontecer com você, parabenize o caixa, pois ele estará agindo da forma certa e colaborando com a sua segurança.
- Nunca deixe os canhotos das compras jogados em qualquer lugar, pois eles contêm alguns dados pessoais importantes. Tenha todos os seus canhotos organizados num mesmo local seguro.
- Depois de conferir a fatura comparando com todos os seus canhotos, inutilize-os ante de jogar fora. Uma vez que eles já estão lançados na fatura, não é necessário guardá-los.

Cartões na internet

Apesar de toda a tecnologia e das facilidades que ela nos traz, temos que tomar muito cuidado ao colocar nossos dados na rede quando compramos on-line. Sem dúvida, fazer compras pela internet é uma mão na roda, mas devemos evitar rodar na mão dos outros!

Separei algumas dicas que garimpei na própria rede sobre os cuidados que devemos ter para aproveitarmos as facilidades e, claro, os descontos das compras pela internet. Particularmente, compro muitas coisas on-line e nunca tive problemas. Comecei com CDs e livros, depois passei para passagens aéreas, reservas em hotéis, roupas, acessórios e até calçados. Nos sites de compras com descontos (não me refiro aos de compra coletiva), os preços são, no mínimo, 40% mais baixos, mas é preciso ser paciente, pois a entrega pode levar mais de um mês.

O que faço é pegar informações com pessoas que já compraram em determinado site e tiveram uma boa experiência. Nunca compro em sites desconhecidos e, mesmo nos indicados, a primeira compra é sempre de baixo valor, até que eu adquira mais confiança.

Quanto aos sites de compra coletiva, nunca usei e não sei se são bacanas, mas, se você quiser utilizar esse serviço, pergunte a seus amigos se alguém recomenda e, se necessário, use as redes sociais para pesquisar.

Seguem algumas dicas para comprar com segurança:

- Links perigosos: nunca compre clicando num link recebido por e-mail, pois pode ser um golpe. Entre no site pelo seu navegador e verifique se as informações do e-mail conferem.
- Computador seguro 1: tenha sempre seu computador protegido, com antivírus atualizado e todos

os meios disponíveis para evitar fraudes. Na dúvida, consulte um técnico de informática.
- Computador seguro 2: nunca faça compras num computador desconhecido e evite a todo custo comprar em lan houses.
- Sites de reclamações: consulte e veja se o site no qual você está querendo fazer compras já sofreu reclamações e como costuma resolver as questões dos clientes.
- Políticas: leia as regras gerais do site e veja como são solucionados problemas de entrega, devolução, tabela de tamanhos etc.
- Contato: apesar de estar num mundo virtual, não deixe de verificar o endereço físico da empresa. Desconfie se só constar e-mail e telefones (principalmente se forem só celulares).
- Confira: copie o CNPJ da empresa (que tem que constar em algum local do site) e confira na Receita Federal se realmente bate com o endereço físico informado. Use este link: http://www.receita.fazenda.gov.br/PessoaJuridica/CNPJ/cnpjreva/Cnpjreva_Solicitacao.asp
- Forma de pagamento: prefira usar o cartão de crédito, pois ele é tão seguro na internet quanto para fazer compras em qualquer outro lugar. Particularmente não compro em sites que não têm opção

de cartão, mas, se você quiser comprar, prefira pagar com boleto a fazer depósito direto na conta de alguém.

- Assegure-se: copie para o seu computador ou imprima a página do pedido feito, com todos os dados. Guarde até receber o seu pedido e confira os dados.
- Organize-se: abra uma pasta no computador e arquive os e-mails que trocar com o fornecedor, além de guardar tudo o que possa comprovar a compra e o pagamento.
- Fuja das roubadas: cuidado para não comprar produtos roubados ou contrabandeados! Como? Peça a nota fiscal em todas as compras. Ela vem com o pedido e também é a sua garantia para trocas. E, claro, desconfie dos artigos de grife a preço de banana. A não ser que sejam usados, os preços baixos indicam que são produtos pirata, ou, como alguns sites preferem chamar, são réplicas, não originais.
- Senhas: em todos os sites de compra é necessário fazer um cadastro com seus dados, e-mail e senha. Escolha uma senha difícil de se descobrir. Misture letras e números, e use a quantidade máxima possível de caracteres. Se achar que vai esquecer, anote num local seguro.

- Leilões: verifique a reputação do vendedor e leia o que outros compradores falaram sobre ele antes de fechar a compra.
- Desconfie 1: preços muito baixos geralmente configuram produtos de origem duvidosa.
- Desconfie 2: Há coisas que podemos comprar tranquilamente em sites de venda coletiva, mas você teria coragem de ir a um rodízio de peixe cru por R$ 10,00? Como é um produto muito perecível e tem que ter uma qualidade acima de qualquer suspeita, desconfie dos "milagres" que algumas ofertas propõem.
- Pesquise: o mundo virtual nos permite estar em vários lugares ao mesmo tempo, coisa que nem Isaac Newton imaginou! Então, aproveite e visite o máximo de sites, compare os preços, os fretes e as formas de pagamento.
- Anote: toda essa "ginástica" financeira pode cansar bastante, por isso, como incentivo, anote o valor economizado em cada compra. Depois de um tempo você vai se surpreender com a quantia que deixou de gastar!

Parte 4

Dicas para o mundo corporativo

Capítulo 9

Pessoas de sucesso, carreiras de sucesso

"Enrolilson" é o cara

Numa bela segunda-feira Enrolilson chega pontualmente às nove no trabalho (embora seu horário seja 8h45). Sua primeira tarefa é interagir com os colegas (contando como foi legal o fim de semana). Depois, checa seus e-mails (primeiro os pessoais, claro!) e aproveita para ampliar seus contatos (entra no Facebook para reclamar que é segunda-feira e "tuíta" uma frase maldizendo o emprego).

Depois de tanto tempo no computador, Enrolilson precisa esticar as pernas, então vai dar uma espairecida. Por volta das dez e meia, renovado pelo pequeno passeio nos outros departamentos da empresa, ele vem com tudo para pegar no batente! Coloca uma musiquinha para descontrair e vai dar uma olhada nos sites de notícia para ficar antenado. Afinal de contas, informação é tudo nesta vida. Em suas "pesquisas" ele descobre que sua celebridade preferida acaba de se separar do marido e vem ao Brasil afogar as mágoas na praia de Copacabana, que interessante! Depois fica sabendo que seu programa favorito de TV vai acabar, que triste... Mas, para "melhorar o astral" depois dessa má notícia, Enrolilson assiste a um vídeo engraçado. Pronto, ele está novo em folha! A internet é mesmo muito bacana!

Só que de tanto teclar e usar seu computador dia após dia, Enrolilson já sente as dores do "ofício". É a LER (lesão por esforço repetitivo) que está mandando seu recado. Ele precisa fazer um comunicado ao chefe de que, em breve, terá que ir ao médico e, provavelmente, vai receber uma licença para ficar umas semanas em casa e se recuperar dos danos causados pelo empenho no escritório.

Quando ele se dá conta, já está bem perto do meio-dia. Claro que não compensa começar nenhum dos diversos trabalhos que estão sobre a mesa aguardando seus cuidados. Enrolilson gosta de terminar o que começa. E, como ele é muito sociável (qualidade que todo funcionário deve ter), resolve ligar para os colegas e oferecer sua agradável companhia para o almoço, que se inicia pontualmente ao som das 12 badaladas diurnas, nem um minuto a mais.

Às 13h15, Enrolilson volta. Está um pouco atrasado, é verdade, mas é porque não se sente muito bem. Está um pouco devagar, indisposto, afinal, o almoço faz isso com as pessoas. Mas Enrolilson é profissional e logo pensa numa solução: vai tomar um café para dar aquela renovada!

No café, aproveita para interagir com os colegas de outros departamentos, a fim de descobrir se há algum "evento novo" sobre alguém. Você sabe... É importante saber se alguém corre o risco de perder o emprego, se o chefe brigou com a secretária, se a copeira ainda está de mau humor por não ter sido promovida, enfim... Há pessoas que chamam isso de fofoca, mas Enrolilson não usa esses termos, claro!

Enrolilson está feliz, conversando com os amigos e, quando está apenas no terceiro café, o chefe o chama. Que inconveniente! São duas da tarde e o chefe quer saber onde está o relatório que Enrolilson deveria ter apresentado na semana anterior. Puxa vida, por que o chefe não perguntou antes? Para que falar de uma coisa que aconteceu (ou não) na semana passada? O que passou passou, ora bolas!

Mas Enrolilson se recompõe de sua indignação e lembra que é um *expert* em justificativas. Mesmo sob a pressão dessa cobrança, em cinco minutos ele convence o chefe de que no dia seguinte, sem falta, o relatório estará prontinho. Ele está se empenhando para fazer o melhor para seu chefe, e — claro — isso leva tempo.

E, por falar em tempo, o relógio não dá trégua. Logo, logo, às três horas vai começar a reunião semanal de planejamento. Enrolilson não se preocupa em coletar informações, pesquisas ou sugestões, pois ele já tem na ponta da língua novas piadinhas para alegrar a turma. A reunião começa, e Enrolilson abre com uma piadinha sobre segunda-feira. Com a boa repercussão da abertura, ele engata uma piada atrás da outra e até o chefe se diverte. A gente trabalha, mas descontrair faz parte, é ou não é? A reunião é um sucesso. Enrolilson é o cara!

Com todo mundo de bom humor, é hora de Enrolilson dizer ao chefe que precisa sair mais cedo, afinal, o dia não foi nada fácil. Claro que ninguém vai negar nada a um cara tão legal. Sabendo disso, Enrolilson aproveita a boa onda e pede para uma colega fazer o tal relatório para que ele entregue no dia seguinte. Mas pede, por favor, que não assine o relatório, porque "nós não somos individualistas, somos uma equipe! Ah, e, por favor, faça um bom trabalho. Afinal, nós não queremos chatear o chefe, queremos?"

Enrolilson deixa as dependências da empresa com a sensação do dever cumprido. Mais uma segunda-feira em que ele arrebenta! Só que seu bom desempenho está estritamente ligado à sua dedicação à vida profissional, o que lhe causa um tremendo estresse. Ele precisa chamar uns bons amigos e curtir um pouco a vida num happy hour.

A noite está muito divertida, mas o dever o chama: Enrolilson precisa preparar um bom argumento para conseguir um aumento de salário. Celebrar a vida todas as noites tem arruinado seu orçamento, e ele necessita urgentemente de um maior ingresso de dinheiro. Pois é, a vida do Enrolilson não é nada fácil...

Você tem a impressão de que conhece o Enrolilson de algum lugar? Claro que só ele é capaz de reunir todas essas qualidades, mas tem muita gente por aí tentando imitá-lo. Não aceite imitações e não tente fazer isso em casa ou no trabalho. Afinal, esse cara é o Enrolilson!

Visão do templo

Para ilustrar como a sua visão tem o poder de mudar as coisas ao seu redor, vamos a outra parábola muito interessante da cultura judaica.

Certo homem viajava por Jerusalém e avistou uma grande construção que lhe chamou a atenção, tanto pela grandeza como pela quantidade de homens trabalhando em diferentes ofícios.

Curioso, o homem foi até a construção e perguntou a um dos trabalhadores:

— Amigo, o que você faz nessa construção tão grande? Qual é a sua função?

— Ah! Nem queira saber... — respondeu o trabalhador. — Sou pedreiro, e este é um trabalho muito monótono. Eu coloco argamassa e um tijolo, argamassa e um tijolo... Todo dia é a mesma coisa e parece que não vai acabar nunca!

Um pouco desapontado, o viajante se dirigiu a outro trabalhador e fez a mesma pergunta, ao que o outro lhe respondeu:

— Bom, eu sou pedreiro, e é com este trabalho que sustento a minha família e levo o pão para casa. Estou contente, porque é só colocar argamassa e tijolo, mais nada... É bem fácil. Então, para mim, tudo bem!

Ao avistar outro trabalhador, o viajante repetiu a pergunta e, dessa vez, a resposta foi diferente:

— Amigo, sou pedreiro, mas o senhor não poderá compreender a grandeza do meu trabalho. Tenho o privilégio de construir este templo, que será a casa de meu Senhor, aquele que criou o céu e a Terra e tudo quanto há neles. A cada tanto de argamassa e a cada tijolo que coloco, a casa do meu Senhor vai se tornando realidade. É um trabalho empolgante, que me realiza e me deixa com uma enorme satisfação! Criar algo para o meu Criador! Quem poderá compreender isso?

Se você detesta o seu trabalho, veja se não é a sua visão que está equivocada. Tente encontrar a importância daquilo que você faz e certamente sua visão vai mudar. Para quem está pensando em qual carreira seguir, considere, antes de mais nada, o que você gosta de fazer. Lembre-se: ter que fazer algo de que você não gosta por horas e horas, todos os dias, vai deixá-la frustrada, ainda que lhe renda um bom dinheiro.

O clone

Às vezes temos tanta coisa para fazer que gostaríamos de ter um clone. Pois é, já clonaram até uma ovelha (que Deus a tenha...), mas gente de carne e osso, até agora, não conseguiram.

Nesse caso, não seria o máximo se tivéssemos um representante? Se você tivesse que escolher alguém para representá-la em uma ocasião muito importante, que virtudes esse afortunado deveria ter?

Você certamente não mandaria qualquer um. Teria que ser alguém que, no mínimo, se portasse da mesma forma que você ou, no melhor dos mundos, que agisse melhor do que você. Se fosse para enviar alguém pior, melhor não mandar ninguém, certo? Se nós queremos isso para nós mesmas, por que não oferecermos isso para aqueles que nos cercam? Por que não estarmos preparadas o suficiente para podermos representar aqueles que necessitam de nossos serviços? Seja seu chefe, seu colega de trabalho, seu cliente, eles não podem fazer tudo sozinhos e precisam de pessoas que os representem. Mas lembre-se: tem que ser tão bom ou melhor do que eles.

Como ainda não existe uma "máquina de fazer clones", que tal fazermos um exercício prático para que a "clonagem humana" passe a ser algo possível? Faça uma lista das qualidades que você gostaria que seu representante tivesse. Depois, circule as qualidades que você exigiria desse representante, mas que você mesma ainda não tem. O que você vai fazer com essa informação? Trabalhar para desenvolver as qualidades que você ainda não tem, mas que você mesma julga serem importantes. Se essa qualidade necessita de algum curso, programe-se para começar e vá em frente. Se é algo que exige pesquisa, por que não começar hoje mesmo?

Lembro-me de ter conquistado um grande cliente na empresa onde eu trabalhava simplesmente pelo fato de falar espanhol (e olha que eu nem falava direito naquela época...). Éramos quase trinta pessoas no meu departamento, e eu era a mais nova e menos experiente do grupo, mas a única que falava espanhol. Mesmo havendo outros profissionais, com mais anos de experiência do que eu tinha de vida, quem ganhou o cliente fui eu.

Foram quase sete anos atendendo esse cliente. Durante todo o período, aperfeiçoei o espanhol e estudei a fundo seu negócio, a ponto de poder representá-lo em qualquer reunião, dentro e fora do Brasil. Eu era o clone dele, e tudo passava por mim, pois ele nem se preocupava com os negócios aqui. Eu era José, e ele Potifar, parafraseando a história de Gênesis 39.

Então, sempre que vir alguém assoberbado, querendo um clone para poder dar conta de tudo, em vez de sair correndo com medo de que lhe peçam ajuda, encare isso como uma oportunidade de ser uma boa representante. E lembre-se: apesar de toda a tecnologia disponível, nada substitui o bom e velho "braço direito". Bons negócios ainda se fazem com boas pessoas.

Autocrítica, uma aliada do empreendedor

Muitos são os casos de pessoas que começam o próprio negócio, mas fracassam logo nos primeiros anos (às vezes nos primeiros meses). Por que isso acontece se quando a pessoa trabalhava como funcionária era produtiva e as coisas lhe saíam bem? Por que agora esse vai ou não vai? Geralmente somos muito críticas quando analisamos o negócio dos outros, mas não conseguimos enxergar os erros que há no nosso. Você vai a uma padaria e, ao chegar lá, não tem aquele pão que você quer (apesar de ter outros). Você fica indignada e chama até o gerente para reclamar, além de dizer que não volta mais lá. Você acha um *absurdo*.

Porém, no seu negócio, quando você tem dez opções de algo, mas o cliente quer justamente uma que você não tem no momento, você fica indignada: "Poxa, por que essa criatura quer exatamente o que eu não tenho hoje? Por que não leva outro e pronto? Que *absurdo*!" Bom, já deu pra perceber a diferença, né? A questão é: *Você tem sempre razão!*

A máxima que diz que *o cliente tem sempre razão* não surgiu à toa. Você deve ouvir o cliente e se colocar no lugar dele. Que tal fazer um exercício prático? Então, responda às perguntas a seguir com toda a honestidade:

- Como você se sentiria se fosse atendida como você atende os outros?
- Como se sentiria se entrasse num negócio igual ao seu?
- Você compraria um produto apresentado da maneira como você apresenta?

- Você começa atendendo ou se dirige a alguém já se desculpando por algo que não fez? Você gosta que outros façam isso com você?
- Você resolve as coisas ou fica dando desculpas para ganhar mais tempo?
- Você tem cobrado o que é justo?
- Como anda o teclado do seu computador? Limpo ou de dar vergonha?

Essas simples perguntas servem para mostrar a você mesma o quanto você pode estar desatenta com seu negócio. A pergunta do teclado é batata! Pense: você olha para o seu teclado todo dia, como pode nunca ter notado que ele estava imundo? Isso provavelmente deve estar acontecendo em outras áreas. *Se você for crítica com você mesma, seu cliente não terá o que criticar. Antecipe-se.*

Ouvi o caso de uma pessoa que abriu o próprio negócio e, a princípio, trabalhava em casa, por falta de verba para alugar um espaço. Porém, essa pessoa cometeu o erro comum de misturar casa e trabalho. Quando o telefone tocava, quem atendia era o filho, uma criança de uns sete anos, que gritava: "Ô paaaaaaai, te-le-foooooo-ne!" Além desse primeiro contato nada profissional, enquanto o cliente esperava o "pai" atender, ficava ouvindo o desenho que estava passando na TV, no volume trezentos, o cachorro latindo, o filho gritando que estava com fome etc. O incrível é que esse pai não entendia por que não conseguia vender nada no seu novo negócio se sempre havia sido um ótimo vendedor trabalhando na empresa dos outros.

Faltou autocrítica, faltou profissionalismo, faltou colocar cada coisa em seu lugar. Você contrataria alguém nessas condições? Então não creia que com você será diferente. Mesmo trabalhando em casa (já fiz isso por cerca de um ano e meio), você deve ter horário para levantar, tomar seu café, vestir uma roupa adequada e ir à luta.

Reserve um local da casa para trabalhar e monte seu escritório. Não use a mesa de jantar ou o sofá da sala. Hoje em dia é mais comum as pessoas aceitarem a ideia de *home office*, então, crie um ambiente próprio para o trabalho, um ambiente profissional. Se tiver que receber algum cliente, isso não será um problema.

Atenda como você gostaria de ser atendido. Faça mais do que o combinado. Surpreenda o cliente, dê um show! Fazendo isso, você será de fato uma profissional e seu negócio vai naturalmente emplacar.

Das cavernas à Lua

Uma das minhas brincadeiras favoritas quando minha irmã ia para a escola e eu ficava sozinha em casa era procurar alguma coisa nova para ler na única estante de livros que havia em casa. Mesmo em nossa modesta "biblioteca" de poucos volumes, sendo a maioria deles livros de "bons costumes para mulheres", eu sempre acabava encontrando alguma coisa nova. Foi num desses "livros para mulheres" que aprendi coisas que guardo até hoje, como:

- Não sentar num lugar no qual outra pessoa acabou de se levantar, para não dar a impressão de que estava torcendo para que ela fosse embora.
- Girar o corpo para descer do carro, apoiando as duas pernas no chão, e não colocar uma perna e descer toda torta e desengonçada.
- Aguardar uma pessoa terminar de falar para poder se dirigir a ela e não interromper conversas (principalmente dos mais velhos).
- Não bater o talher no fundo do prato.
- Esperar todos se servirem para então começar a comer.

Pena que não temos mais esses livros. Adoraria reler cada um!

Também achei, certo dia, um caderno de taquigrafia da minha mãe, da época que ela fez um curso para ser secretária. Eu tinha uns cinco anos e fiquei meio decepcionada, pois eu havia aprendido a ler aos quatro anos e achava que conhecia todas as letras do alfabeto. Mas, quando vi aquele monte de sinais, não entendi nada...

Então, levei o caderno até a cozinha e perguntei: "Ô mãe, que que é isso aqui? Por que você não me ensinou essas letras?" Eu estava até meio brava, afinal, minha mãe estava "escondendo" o jogo!

Quando ela me explicou que era uma forma rápida de tomar o ditado do chefe para uma carta, por exemplo, achei aquilo o máximo! Claro que eu queria aprender taquigrafia, mas minha mãe me disse que era um tipo de escrita que já não se usava mais, pois, na época, o que estava em alta era datilografar a carta diretamente à máquina. Os cursos de taquigrafia haviam sido substituídos pelos de datilografia, e isso era chamado de progresso. Era o avanço tecnológico. No futuro, teríamos máquina para tudo!

Esses dois exemplos simples ilustram dois pontos muito importantes para se alcançar uma carreira de sucesso.

1. *Leitura*

Eu leio tudo. Até papel de bala. É um costume que tenho há mais de 35 anos e é sempre benéfico. A primeira palavra que eu li sozinha foi o nome de uma famosa marca de esmalte escrito no rótulo do vidrinho da cor Rosa Rey da minha mãe. Mais tarde consegui ler as palavras maiores e mais complicadas, escritas no rótulo de trás: "Contém formaldeído e tolueno." Na hora eu nem sabia o que eram esses componentes e me pareceu até meio inútil que aquilo "sem sentido" estivesse ali.

Bem mais tarde, já com 18 anos, fui ao dermatologista com uma tremenda alergia nas pálpebras, que ninguém sabia a causa. Ficavam inchadas, muito vermelhas e chegavam a descascar, às vezes até abrindo pequenas feridas. Após vários testes, soube que era alérgica a, nada mais nada menos, que formaldeído e tolueno!

Quando li essas palavras no resultado do exame, me dei conta de que tudo aquilo era causado pelo esmalte. Mesmo antes de voltar ao médico já soube que o tratamento para o meu problema era algodão e removedor de esmalte!

Tudo o que li até hoje me serviu para alguma coisa. Algumas vezes até para aprender o que não fazer e o que não ler.

Você pode se perguntar como pude me lembrar de algo que havia lido cerca de 14 anos antes, e a resposta é simples: ler é um dos melhores exercícios para a memória. A leitura, e tudo mais que exercite a nossa mente, é essencial para ativar nossos "músculos cerebrais" e, parafraseando uma querida amiga, evitar que nossos neurônios fiquem sedentários!

2. Reciclagem

Tudo muda neste mundo. Uma coisa que é importante hoje, amanhã será obsoleta. Na Argentina há um ditado muito interessante, que diz: "lo único que permanece es el cambio", ou seja, a única coisa que permanece é a mudança. No mercado de trabalho, então, nem se fala.

Claro que é impossível a gente saber tudo ou ter condições de aprender sobre tecnologias novas assim que elas aparecem. Hoje em dia as empresas estão mais focadas em buscar profissionais com atitudes positivas diante da velocidade do mercado, e não gente que fique reclamando e, muito menos, justificando o porquê de não saberem isso ou aquilo. Trocando em miúdos: *o importante não é saber, mas sim querer saber.*

É essa ânsia que vai fazer você usar seus finais de semana para aprender um novo idioma ou trocar aquelas horas em frente à TV pela leitura de livros e artigos relacionados à sua área profissional. Ou ainda inscrever-se numa palestra, oficina ou frequentar grupos de discussão. Todo conhecimento é válido. Se nossos antepassados não tivessem se disposto a aprender coisas novas, ainda hoje estaríamos vivendo nas cavernas...

E, para concluir esta seção, não vejo uma mensagem melhor do que esta:

> Se correndo com os que iam a pé te cansaram, como contenderás com os que vão a cavalos? E se em terras de paz não estavas seguro, como farás na floresta do Jordão? (Jeremias 12:5 RV)

Chefe e líder

Você sonha ter uma porção de gente para servi-la. Gente que a escute, lhe obedeça, a respeite e a admire. Enfim, como se diz, gente que "veste a sua camisa". Então, você quer ser chefe! Hummmm... será? Bem, se você quer mesmo ser chefe, ao ler esta seção, vai mudar de ideia rapidinho.

O famigerado "chefe" é um cargo extremamente ultrapassado, e já ficou provado, em diversas instâncias, que é um modelo de posicionamento totalmente ineficaz. Então, afinal de contas, o que substitui essa palavra de cinco letras? Outras cinco letras: líder! Se você acha que chefe e líder são a mesma coisa, está enganada. Confira a seguir o que caracteriza um chefe e, em contrapartida, as qualidades de um líder.

- O chefe cobra, o líder dá condições.
- O chefe impõe medo, o líder impõe respeito.
- O chefe pensa em si, o líder pensa na equipe.
- O chefe pensa em enriquecer-se, o líder pensa em crescer com a equipe.
- O chefe coloca a culpa nos outros, o líder assume a responsabilidade e busca soluções.
- O chefe vê seus subordinados como máquinas, o líder os vê como seres humanos.
- O chefe grita na frente de todos, o líder chama em particular e orienta.

- O chefe maltrata, o líder ensina.
- O chefe quer fazer crescer seu capital financeiro, o líder quer fazer crescer seu capital humano.
- O chefe perde a cabeça, o líder recobra forças.
- O chefe nunca ouve ninguém, o líder está sempre aberto a ideias.
- O chefe não quer sair da zona de conforto, o líder está sempre inovando.
- O chefe beneficia seus preferidos, o líder age com justiça.
- O chefe suga e explora, o líder propõe superação e crescimento.
- O chefe não se mistura, o líder faz parte.

Para ser chefe, você tem que ter uma empresa (ou um cargo de "chefia") e *pagar* para que as pessoas façam o que você manda. Já o líder não precisa de nada disso. O líder inspira e faz as pessoas desejarem estar com ele e ser como ele.

E o melhor de tudo: para ser líder você não tem que ter uma empresa e funcionários subordinados. Se você simplesmente agir como líder, você será uma líder. As pessoas a seguirão sem que você imponha nada a elas.

A ideia aqui é que você tenha em mente essas diferenças e analise em si mesma quais qualidades de líder já possui e quais delas precisa desenvolver. Isso mesmo: o líder está sempre em desenvolvimento e aberto a novos desafios.

A soma de todos os medos

Sabe quando você quer falar alguma coisa, principalmente em público, e dá aquele branco? O coração acelera, as mãos transpiram, a boca fica seca, o rosto queima como fogo. Você só pensa que a melhor coisa do mundo seria um buraco se abrir sob os seus pés e conduzi-la velozmente às profundezas do abismo, onde, de preferência, não houvesse ninguém!

Se você já ouviu alguém dizer que prefere cair duro e ir para a "terra dos pés juntos" a ter que falar em público, creia que não é da boca para fora! O jornal inglês *Sunday Times* perguntou a três mil pessoas: "Qual é o seu maior medo?" Eis as respostas dos seis maiores medos:

> 41% Falar em público
> 32% Altura
> 22% Insetos
> 22% Problemas financeiros
> 19% Doença
> 19% Morte

Diversos institutos de pesquisa e universidades do mundo todo têm feito essa mesma pergunta, e o resultado geral formou o *top ten* dos maiores medos da humanidade:

Falar em público
Altura
Insetos e vermes
Problemas financeiros
Águas profundas
Doenças
Morte
Voar
Solidão
Cachorro

E, como diz a música dos Titãs:

> [...] A mãe morre de medo de barata.
> O pai vive com medo de ladrão.
> Jogaram inseticida pela casa,
> Botaram cadeado no portão.

Mas na hora de falar em público não há inseticida ou cadeado que dê jeito... Então, o que fazer?

Em primeiro lugar, você precisa saber que algo precisa ser feito. Apesar de ser o maior medo da maioria das pessoas (e você não está sozinha nessa), não se acomode em achar que você é assim e pronto. Mesmo que você não tenha a intenção de ser uma oradora profissional ou uma palestrante, é bom saber que a oratória não é um dom, mas, sim, uma técnica a ser desenvolvida. Não tem essa de "eu não nasci pra isso".

Claro que esse medo não vem propriamente do ato de falar em si, mas de passar vergonha diante das pessoas. Isso prova o quanto os seres humanos estão preocupados com a opinião dos outros. "Se eu falar uma bobagem, o que vão pensar de mim?" As pessoas estão mais preocupadas com isso do que com o destino de sua alma após a morte. Tem coisa mais doida que isso? Por outro lado, esse medo também pode ser traduzido como timidez, o que, no fundo, nada mais é do que evitar a exposição e fugir de uma situação que pode evidenciar uma fraqueza. Mas desde quando fugir é a melhor forma de lidar com as coisas?

No mundo corporativo não tem como crescer ficando embaixo da mesa. Se você não expusser suas ideias, se não souber se expressar e ficar torcendo para passar despercebida, você será mais uma na multidão.

Se você engrossa essa estatística e tem medo de falar em público, precisa enfrentar isso. Trace uma estratégia, nem que seja começando por um grupo de duas pessoas. Escolha um tema que você domine e exponha suas ideias, questione seus amigos e não tenha medo. Se falhar na primeira vez, tente novamente. É a prática que vai lhe trazer resultados.

Há um conselho citado 366 vezes na Bíblia: "Não temas." Um para cada dia do ano e, de quebra, um a mais para o ano bissexto!

Mas este mundo diz o tempo todo exatamente o contrário: "Cuidado... Olha lá... O que vão pensar de você?... Cautela... Cuidado... Não é bem assim..."

A qual palavra você vai dar ouvidos? Eu sugiro que você considere esta:

> Tu, pois, cinge os teus lombos, levanta-te, e dize-lhes tudo quanto eu te mandar; não te desanimes diante deles, para que eu não te faça desanimar diante deles. (Jeremias 1:17 RV)

Em que parte está escrito "fique na sua, não se exponha. O que vão pensar de você"? Ao contrário, Deus diz: "Prepare-se, levante-se, não desanime, não tema."

Então, antes que alguém pergunte "o que eu faço para não ter medo?", já está aí a resposta: vá em frente que o resto é com Deus. Mas é você quem tem que ir, ele não vai no seu lugar!

O maior inimigo do homem

Ó, dúvida cruel...! Essa frase só é bonitinha nos contos de fada, quando a princesa não sabe se o príncipe virá com o cavalinho branco (ou preto), com a farda de batalha (ou traje de casamento), pelo caminho da direita (ou da esquerda), resgatá-la das garras de sua madrasta má (ou da vida dura que uma princesa deve levar num castelo). Bem, acho que estou confundindo as fábulas...

Entre as várias definições de dúvida que encontrei no *Dicionário Houaiss da Língua Portuguesa*, destaco as que seguem:

> Sentir desconfiança;
> hesitação;
> incerteza;
> falta de crença;
> ceticismo;
> suspeita;
> receio de fazer algo;
> certo tipo de problema ou dificuldade.

Você consegue encontrar alguma coisa positiva nessa lista? Eu não!

Se queremos ser bem-sucedidas em algo, temos que ter certeza de cada passo a ser dado, como devemos caminhar e para que lado seguir. Se você não sabe o que quer, vai ficar sem nada. Se não sabe o que fazer, acabará não fazendo nada. E, se não sabe para onde ir, provavelmente não vai chegar a lugar nenhum...

A dúvida paralisa, rouba nosso tempo e nossa energia, nos deixando fracas e sem ânimo para seguir em frente. É como uma doença que nos impede de fazer desde as coisas mais simples até as mais importantes.

Quer coisa mais irritante do que almoçar com alguém que leva vinte minutos só para decidir o que vai comer e, depois de tudo isso, ainda fica pensando se seria melhor ter pedido a carne em vez da massa? E aquelas que experimentam todos os sapatos da loja e não conseguem se decidir entre o preto e o marrom? E a noiva que leva mais tempo para escolher o vestido do que levou para escolher o futuro marido? É um vestido branco, pelo amor de Deus, escolhe um e casa de uma vez! Desculpe o desabafo, mas gente indecisa me causa uma irritação tremenda!

Imagine-se entrevistando uma candidata a empregada doméstica para a sua casa:

— Você gosta desse trabalho?

— Bom... Gosto... Se tivesse outra coisa era melhor, né? Mas, acho que tá bom...

— E quanto você quer ganhar?

— O que você pagar tá bom, mas, se for mais do que eu ganhava antes, acho que seria melhor... Mas, se for igual, tudo bem... Se for menos, também pode ser...

— Sua ex-patroa pode dar uma carta de referência?

— Referência? Acho que sim... Talvez não... Não sei bem...

— Você prefere usar água sanitária ou desinfetante?

— A água sanitária é boa, mas pode manchar... O desinfetante também é bom, mas pode não limpar... A água sanitária limpa melhor, mas o cheiro não é muito bom... O desinfetante cheira bem, mas aí tem que esfregar mais...

Ah, pela madrugada! Será que você vai contratar essa criatura? Imagine então se algo assim acontece no mundo corporativo? Se você quer ser bem-sucedida, não pode ser hesitante, não pode ficar titubeando, não pode ser de meias palavras, *não pode ter dúvidas: ou é, ou não é!*

Você sabia que há três tipos de dúvida? A dúvida é uma organização muito bem-estruturada, que se divide em frentes de atuação para não deixar nenhum pedacinho de nós sem ser bombardeado com seus ataques. Como diz o ditado: a melhor maneira de derrotar um inimigo é conhecê-lo. Então, vamos lá!

1. Dúvida da mente

Ela age no nosso pensamento. É quando parece que podemos "ouvir" aqueles pensamentos negativos que vêm sei lá de onde e atacam a todas nós, independentemente de classe social, cultura ou fé.

A dúvida da mente ataca toda e qualquer criatura que tenha o dom de pensar. "Você não pode; você é fraca; vencer não é para você; contente-se com o que tem; você não tem direito; você não é capaz." Essas são algumas frases que martelam em nossa cabeça de tempos em tempos. Na verdade, não há como evitar que os maus pensamentos cheguem à nossa mente, mas todas somos dotadas de inteligência suficiente para não deixá-los germinar e crescer. Então, a dica é: apareceu um pensamento ruim? Seja rápida e responda exatamente o contrário! Ouviu um "você não pode"? Responda com um "eu posso!". Simples assim, e funciona!

2. *Dúvida de terceiros*

É quando outras pessoas lhe trazem palavras negativas que a deixam com a pulga atrás da orelha. É quando alguém que tem "mais capacidade" que você joga um balde de água fria nos seus projetos. É o famoso "não é bem assim... Vai com calma, cuidado..."

Nesse caso a dica é o velho ditado: *em boca fechada não entra mosquito*. Não conte seus planos a ninguém para não suscitar inveja, desdém e palavras negativas. Esteja segura do que quer e de como alcançar seus objetivos, pois, se você realmente estiver segura, não vai precisar do palpite de ninguém.

3. *Dúvidas do passado*

São aquelas malditas lembranças de coisas que deram errado no passado. As más experiências ficam querendo nos convencer de que tudo sempre vai dar errado, afinal, no passado deu errado.

Você deve considerar que *as experiências passadas são coisas positivas*, mesmo as ruins. Elas servem para nos ensinar como não agir e como facilitar as demais tentativas. Isso mesmo! Se você quer algo, provavelmente vai precisar tentar várias vezes. Veja a questão por este ângulo: se a primeira tentativa deu errado, ótimo! Você está mais preparada do que nunca para tentar de novo. Você está mais perto do que nunca de alcançar seu objetivo!

Lembre-se: chutar a dúvida para longe é algo que teremos que fazer todos os dias, em todos os momentos. E nem pense que você não pode... Você pode!

Tímido e enrolado será sempre liderado

Não é à toa que nosso lindo planeta azul é redondo. Tudo sempre está em movimento, tudo muda, tudo se renova, e quem fica parado é empurrado pela multidão.

Constantemente temos que tomar decisões e cada vez mais precisamos ser rápidas e seguras em tudo. Quando não fazemos isso por conta própria, certamente alguém fará em nosso lugar. Por isso sempre haverá líderes e liderados.

Um exemplo claro disso é a mudança detectada pelo IBGE (Instituto Brasileiro de Geografia e Estatística) nas famílias brasileiras. Segundo um estudo divulgado em 2006, a quantidade de famílias chefiadas por mulheres com cônjuge aumentou cerca de 35% no período de dez anos. Em 1995, 22,9% das famílias eram lideradas por mulheres, mas em 2005 esse percentual subiu para 30,6%. Enquanto muitos homens estão acomodados na vida, muitas mulheres os estão deixando para trás. E assim caminha a humanidade...

Não quero dizer com isso que todas as pessoas têm que ser líderes no sentido de estarem à frente de outras pessoas, mas, sim, que todas devemos ser líderes da própria vida. Se você não for uma pessoa de atitude, outros tomarão atitudes no seu lugar. Se você não tomar as próprias decisões, outros as tomarão no seu lugar. Você vai ficar sempre com a sobra, pois quem escolhe primeiro fica com a melhor parte.

Devemos ser práticas, ágeis e diretas. Não há tempo a perder. Devemos manter ordem e organização em tudo para não sermos enroladas. E essa organização começa desde as coisas mais corriqueiras, mas que são capazes de consumir nosso precioso tempo inutilmente.

Por isso, organizei uma listinha com dicas de atitudes simples que podem fazer a diferença no seu dia a dia. Mas o ideal é que você faça uma autoanálise e veja o que tem consumido seu tempo e deixado você enrolada.

- Organize-se: esse item serve para tudo. Desde manter seu guarda-roupa organizado, para não perder horas procurando uma meia, até seus arquivos, contas, livros etc.
- Mantenha uma agenda atualizada: se você não souber o que tem a fazer, vai acabar não fazendo nada.
- Priorize: uma vez sabendo o que tem para ser feito, priorize suas tarefas e se concentre em cada uma delas. Querer fazer tudo de uma só vez não funciona.
- Delegue: se você não está dando conta de seus afazeres, está na hora de delegar algumas tarefas. Uma das melhores atribuições de um líder é justamente saber quando e como delegar.
- Seja prática: ficar girando em torno de uma discussão ou situação que não vai dar em nada é pura perda de tempo. Coloque as cartas na mesa e defina a atitude a ser tomada.
- Seja justa: se você não sabe bem que atitude deve tomar, analise o que é justo. Essa é a forma correta de agir.

- Seja objetiva: vá direto ao ponto. Seja sucinta no falar, quando enviar um e-mail ou fizer um relatório. Se você não tem tempo a perder, seu interlocutor também não (essa é a dica mais desafiadora para mim!).

E lembre-se sempre:

> Quem é decidido e definido será sempre bem-sucedido.
> Quem é tímido e enrolado será sempre liderado.

Mantenha o foco em seus objetivos

Você acaba de chegar ao final deste modesto guia, que tem o nada modesto objetivo de ajudá-la a alcançar uma vida financeira e profissional melhor.

Certamente você encontrará muitas dificuldades pelo caminho que farão você até pensar em desistir. Por isso, é muito importante estar sempre focada nesse objetivo. Não deixe nada desanimá-la ou enfraquecê-la. Mesmo que para muita gente o seu objetivo pareça impossível, saiba que você pode fazê-lo se tornar possível. Se você quer, você pode.

Há algum tempo li um livro muito interessante chamado *Sobrevivi para contar*, escrito por Immaculée Ilibagiza, uma sobrevivente de um dos massacres mais sangrentos da história. Ela nasceu em Ruanda e perdeu quase toda a família no genocídio ocorrido em 1994 naquele país. Para manter-se viva durante os cem dias que durou o massacre, Immaculée ficou escondida em um banheiro minúsculo junto com outras mulheres na casa de um pastor. Foi salva por tropas da ONU e teve que recomeçar a vida do zero. Sem casa, sem família, sem dinheiro e até mesmo sem vizinhos. Praticamente todas as pessoas de sua comunidade haviam sido assassinadas.

Mas essa sobrevivente tinha um sonho: ela queria trabalhar na ONU para ajudar outras vítimas do genocídio e da guerra. Impossível? Não para ela. Para manter o foco em seu objetivo, ela tomou uma atitude que de tão simples parece até meio ridícula: imprimiu uma lista com nomes de funcionários da ONU em ordem alfabética e, entre os nomes descritos na letra I, colocou o seu: "Ilibagiza, Immaculée."

Pendurou a lista na parede e olhava para ela todos os dias, como se fosse uma lista real. Para ela, já havia se tornado uma lista real. Claro que ela se aplicou a outras coisas, como estudar inglês, aprender a usar bem um computador e outras funções administrativas. Mas o que mantinha seu foco no objetivo era nada mais nada menos que a lista. Quatro anos depois lá estava ela, em Nova York, trabalhando para a ONU.

Não importa o quanto seu objetivo esteja longe de você. Tenha fé em si mesma e vá em frente. Eu creio que seu nome está na lista. E, se não estiver, escreva-o você mesma!

Referências

Blog do Planalto. "MP prevê ajuda financeira de mais de 350 milhões ao Haiti", 21 jan. 2010. Disponível em: http://blog.planalto.gov.br/mp-preve-ajuda-financeira-de-mais-de-r-350-milhoes-ao-haiti/

ILIBAGIZA, Immaculée. *Sobrevivi para contar*: o poder da fé me salvou de um massacre. Rio de Janeiro: Fontanar, 2008 (Escrito em forma de depoimento ao jornalista Steve Erwin).

Portal Joyful Public Speaking (from Fear to Joy). "The 14 Worst Human Fears in the 1977 Book of Lists: where did this data really come from?", 27 out. 2009. Disponível em: http://joyfulpublicspeaking.blogspot.com.br/2009/10/14-worst-human-fears-according-to 1977.html

Portal da Organização das Nações Unidas para a Agricultura e Alimentação. "Reducir el desperdício para alimentar al mundo", 11 maio 2011. Disponível em: http://www.fao.org/news/story/es/item/74192/icode/

Portal Virada 180º. "Os dez maiores medos do ser humano." Disponível em: http://www.virada180.com.br/site/outros-artigos-sobre-sua-essencia/72-outros-artigos-sobre-sua-essencia/236-os-dez-maiores-medos-do-ser-humano.html

Você tem mais dinheiro do que imagina: um guia para suas finanças pessoais. Saraiva, Letras & Lucros, 2006.

Yankelovich Research: Portal Fluid Drive Media. LAMOUREUX, David. "Advertising: How Many Market Messages Do We See in a Day?", 26 nov. 2012. Disponível em: http://www.fluiddrivemedia.com/advertising/marketing-messages/

Este livro foi composto em Adobe Garamond Pro 12 e
impresso pela Edigráfica sobre papel offset 63g/m² para a
Thomas Nelson Brasil em 2015.